잘하고 있어요,
자라고 있으니까요.

잘하고 있어요, 자라고 있으니까요.

초판 1쇄 발행   2019년 9월 9일

지은이   변향미
인터뷰어   소재웅
일러스트   강한
북디자인   이정민 D_CLAY
교정교열   편집팀
인쇄   일리디자인

펴낸곳   도서출판 훈훈
주소   경기도 고양시 덕양구 소원로 267
홈페이지   toolor@hanmail.net

ISBN   979-11-967762-2-0 (03190)

이 도서의 국립중앙도서관 출판예정도서목록(CIP)은
서지정보유통지원시스템 홈페이지(http://seoji.nl.go.kr)와
국가자료공동목록시스템(http://www.nl.go.kr/kolisnet)에서
이용하실 수 있습니다.(CIP제어번호: CIP2019034486)

행복하게 성장하고 싶은
사람들을 위한 따뜻한 지침서

잘하고 있어요,
자라고 있으니까요.

변향미
지음

흔흔

오늘도
행복한 성장을 갈망하는
여러분들께.

잘하고 있어요, 자라고 있으니까요.

추천의 글
Recommendation

먼저, 변향미 교수님의 책에 추천의 글을 쓰게 되어 큰 기쁨과 행복을 느낍니다. 오랜 세월 지인으로 머문 덕이겠지요. 교수님이 10여년 현장 강의를 하며 터득한 노하우를 담은 역작이 드디어 세상에 빛을 발하는 순간을 맞으니 가슴 벅찬 감동을 느끼지 않을 수 없습니다.

변향미 교수님은 인성. 진로. 커리어 코치 분야 최고의 강사이자 전문가입니다. 오랜 세월 이 분야에 인생을 바쳤고 이제는 후학을 양성하는 제2의 인생을 펼치고 있습니다. 특히 우리 재단법인 국제평생교육개발원의 인성. 진로. 커리어코치 전임교수로 활동하며 많은 제자들을 양성했고 탁월한 강의력과 리더십으로 제자들에게 존경을 받고 있습니다.

이제 금은보화보다 귀한 자료들을 엮어 책을 완성하였으니 의미가 더욱 큰 것 같습니다. 특히 아낌없이 주는 나무처럼 이 책에 자신의 모든 것을 담은 것을 보며 존경의 마음을 느끼게 됩니다. 저는 이 책을 통해 4차혁명시대 미래 교육의 소망을 보게 됩니다. 더불어 변향미 교수님의 강의에서도 느꼈듯, 책 안에 담겨있는 내용을 통해 단순 강의의 차원을 넘어 치유의 힘을 느끼게 됩니다.

특별히 인성. 진로. 커리어 코치에 관심 있는 분들에게 이 책을 추천합니다. 이 책에는 현장에서 절실히 필요한 강의 노하우, 그리고 강사로서의 능력을 향상하기 위한 생생하고 실용적인 내용이 풍성하게 담겨 있습니다.

다시 한 번 변향미 교수님의 출간을 진심으로 축하드립니다.

재단법인 국제평생교육개발원
이사장 **이광재 박사**

변향미 선생님의 책 출간을 축하드립니다.

모든 살아 있는 것은 자라고 성장합니다. 그렇지만 인간에게 있어서 성장은 결코 간단한 문제가 아닙니다. 자신을 사랑하는 눈으로 자신의 내면을 성찰하고 반성적 사고를 거치지 않으면, 자라기가 쉽지 않습니다.

옆에서 지켜본 변향미 선생님은 늘 긍정적이고, 작은 것에도 감사할 줄 알며, 인연을 귀히 여기는 예쁜 사람입니다. 그렇기 때문에 강의는 늘 따뜻하고 '격려 가득'하며 진실한 눈으로 자신을 바라볼 수 있도록 도와줍니다.

강의로만 접하던 내용을 책으로 만나게 되니 반갑습니다.
이 책은 분명 건강한 성장을 꿈꾸는 모든 사람들에게 좋은 길잡이가 되어줄 것입니다.

인천연수구 육아종합지원센터
센터장 **최종미**

잘하고 있어요, 자라고 있으니까요.

프롤로그

Prologue

몇 달 전, 〈미스트롯〉이란 오디션 음악프로그램을 통해 1등을 차지한 가수 송가인의 이야기가 연일 화제가 된 적 있죠. 뉴스로 기사화 되고 TV와 유튜브에서도 거의 매일 그녀의 이야기가 업데이트 되곤 했습니다.

그녀가 오디션에서 우승을 한 것 자체도 물론 대단하지만 저는 그녀의 이야기를 통해 몇 가지 깨달은 바가 있습니다. 먼저 그녀 자신이 좋아하는 분야이기에 길었던 무명의 시절을 버텨낼 수 있었다는 사실입니다. 요즘 트렌드에 맞지 않는 옛날 노래를 해서 걱정을 하며 오디션에 도전했는데 방송을 통해 인기를 얻게 되고 많은 국민들의 사랑을 받게 되어 감사해하는 모습, 다시 한 번 자신을 발견하는 계기가 되었다고 말하는 모습, 초심을 잃지 않고 대한민국 트로트라는 분야에 한 획을 긋는 가수가 되고 싶다, 라는 당당한 인터뷰 내용도 감동적이었습니다. 그녀가 부르는 노래야 두 말 할 나위 없이 감동적이었고요.

자신의 보이지 않는 미래로 불안해하고 두려워하며 결정조차 내리지 못해 선택의 기로에서 갈팡질팡 하는 모습을 우리는 종종 주위에서 볼 수 있습니다. 하지만 자신 안에 숨겨진 재능이나 강점, 역량들을 끌어내고자 노력하고 공부하며 훈련할 때 어쩌면 계획된 우연처럼 기적과도 같은 일들이 펼쳐지기도 하죠.

저 역시 남들보다 더딘 성장의 과정을 겪으면서 제 안에 잠재되어 있던 흥미, 적성, 가치, 역량, 비전들을 찾게 되었고 이제는 제가 좋아하고 잘하는 일에 저의 열정과 시간들을 쏟으며 살고 있습니다. 여기에 물론 저의 '사명감'도 포함되어 있죠. 지금 이렇게 책을 쓰고 작가가 된 기적 같은 일도, 제가 살아온 일의 연속선상에 있지 않나 싶습니다.

지금은 고인이 되신 장영희 교수의 〈살아온 기적, 살아갈 기적〉이란 책을 서른 중반쯤에 읽었습니다. 당시 제목을 통해 매우 강렬한 느낌을 받게 되었는데 어느새 오십이란 나이를 맞이하게 된 저로서는 '살아온 50년'에 감사하고 '살아갈 미래의 50년'을 준비하고 기대하는 마음으로 이 책을 쓰게 되었습니다.

누구에게나 전성기란 것이 있죠. 하지만 살다보면 전성기보다는 힘든 상황을 겪어야 될 때가 많습니다. 그렇게 밀려오는 다양한 상황과 갈등을 어떠한 마음가짐으로 대하면 좋을지, 그리고 삶을 대하는 태도에 따라 삶의 결과에 있어 많은 차이가 난다는 것을 진솔하게 이야기하고 싶었습니다. 물론 저 역시 나 자신과의 관계, 친구, 동료, 자녀, 부모 등등 저를 둘러싸고 있는 관계 속에 실타래처럼 꼬여 있는 수많은 상황들을 어떻게 풀어야 할지 고민했던 시기도 있었습니다. 힘든 상황을 어떻게 극복해야 할지 막막하기도 했었습니다. 분명하게 말할 수 있는 건 그 문제를 풀 수 있는 마스터키를 찾기 위해 부단히 노력해왔다는 점입니다. 그리고 때론 실패했던 경험들조차도 솔직하게 글에 담고 싶었습니다.

무엇보다 가장 중요했던 것은 바로 '나 자신'과의 직면이었는데, 삶 가운데 주어지는 어려운 과제를 통과하기 위한 다양한 배움과 성찰, 그리고 타인과의 공유를 통해 성장하고 있는 자신을 보니 얼핏 보면 보이지 않지만 그 과정 속에 성장하면서 잘 살고 있는 '나'를 선명하게 발견할 수 있었습니다. 이러한 과정을 겪으며 일도 관계도 마치 엉켜있는 실타래가 술술 풀리듯 잘 풀리고 있고 잘 자라고 있음을 확인할 수 있었습니다. 놀라운 일이 아닐 수 없습니다.

미국의 심리학자 크롬볼츠의 이론 중 '계획된 우연이론'이란 게 있습니다. 사회적으로 성공했다고 인정받은 사람들을 대상으로 조사를 하였는데 그들이 거둔 성취들 중 80% 이상은 우연한 사건을 기다리기만 했던 것이 아니라 적극적으로 경험하며 타이밍을 포착하기 위해 끊임없는 계획적 시도를 했기에 거둘 수 있었던 열매라는 것, 그것이 그 이론의 골자입니다. 다시 말해 우연한 기회도 스스로가 계획을 해야 내게 다가왔을 때 잡을 수 있다는 의미입니다. 어쩌면 저의 삶을 가장 잘 표현할 수 있는 심리학적 용어가 바로 '계획된 우연이론'일 것입니다.

미국프로야구에 진출한 일본인 선수 오타니 쇼헤이 투수는 고등학교 재학시절부터 자신의 꿈과 목표를 이루기 위해 만다라트 기법을 활용했다고 하죠. 그 내용을 자세히 보면 십대의 나이에도 자신의 꿈을 이루기 위해 철저히 계획을 했으며 마치 우연처럼, 소망하던 것을 필연적으로 이루게 된 것을 확인할 수 있습니다. 이러한 일들이 스타플레이어인 오타니 쇼헤이에게만 적용될까요? 아니요, 자신의 열정과 비전을 글과 생각으로 가두는 것이 아니라 실천하는 자에게는 언제든 열려있는 성취입니다.

과연, 여러분은 요즘 어떠한 우연을 '치밀하게 계획하며 도전하고' 있나요?

세상은 빠르게 돌아가고 있습니다. 이런 시대일수록 조금은 느굿하게 개인의 성장과 변화를 위한 시간을 가져야 합니다. 본질적인 나를 찾아 발견하고 성장해나가는 노력을 해야 합니다.

키가 자라고 몸이 자라는 외적인 변화가 아닌 이상 변화의 과정은 눈으로 단번에 확인할 수 없습니다. 하지만 그 노력과 다짐, 열정이 끊임없이 심어지고 있다면, 실제로는 잘 자라고 있는 게 분명합니다. 여러분은 정말 잘하고 있는 겁니다. 왜냐면, 자라고 있으니까요. 자라고 있다고 확신하는 훈련을 매일 일상에서 실천하십시오. 이러한 훈련과 노력이 연합되고 동반되는 순간 여러분은 어느새 당당하게 서있는 스스로를 확인하게 될 겁니다.

이 책은 거대한 담론이나 이론, 거창한 철학을 담은 책은 아닙니다. 저의 삶을 돌아보며 제가 공부했던 내용과 강의현장의 경험과 사례, 그리고 저의 삶을 둘러싸고 있는 많은 분들의 가르침에 기반한 책입니다. 변향미라는 존재의 성장과 변화를 촉진시켰던 수많은 순간들을 독자들과 진솔하게 나누고 싶어 써내려간 코칭 에세이입니다.

단 한 번 주어진 삶을 통해 인생을 변화시키고 성장하고 싶은 분들에게 희망과 비전을 담아낼 수 있는 격려의 책이 되었으면 좋겠습니다.

오늘도 행복한 성장을 열망하는 모든 분들을 저 변향미 코치가
응원합니다.

교육을 통한 변화를 일으키고,
삶의 질 향상을 도우며,
현재와 미래를 연결해 주는 메신저
변향미

2019년 9월

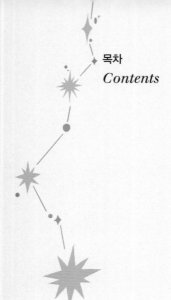

목차
Contents

Chapter. **I**

자녀 가슴 속 별에
물을 주다

코치님과의 인터뷰 전, 제게 떠오른 단순한 질문은 '지금까지 쌓아 오신 경력과 학업 상황들을 봤을 때, 어떻게 이 수많은 노력들이 가능했을까'라는 거예요. 가정이 없으신 것도 아니고, 그러다 보니 다양한 역할을 감당하셔야 했을 텐데 말이죠.

글쎄요… 배운다는 것, 공부하는 것, 일하는 것. 그것들 모두가 참 좋았다고나 할까요. 배우면 배울수록 겸손해지고 저 자신이 조금씩 조금씩 자라간다는 것을 알아갈 수 있었거든요. 저희 집이 특별히 부유하지는 않았지만 제가 첫 손주라는 것, 그리고 장녀라는 이유로 부모님으로부터 지지를 많이 받았던 것 같아요. 그러면서 하고 싶은 것들을 자연스럽게 추구하다 보니 자신감 같은 게 제 마음에 있었죠. 그러한 자신감들이 '열심히 하면 되는구나'라는 생각으로 이어진 셈이에요. 사실 주변 사람들이 저한테 가장 많이 하는 질문 중 하나가 "나는 한 번에 하나밖에 못 하는데 어떻게 변향미 코치는 동시에 여러 개를 해내느냐"에요.

어떻게 보면, 그게 더 정확한 질문 같네요. 어떻게 그렇게 동시에 여러 가지를 해내시는 건가요?

제가 아이들을 키우며 공부를 더 하고 싶어 방송통신대학교에 들어갔거든요. 그때 친하게 지내던 학습 스터디 팀 구성원 언니가 늘 저한테 질문했어요. "향미야 난 한 번에 하나밖에 못 하겠어. 그런데 너는 어떻게 그렇게 동시에 여러 가지를 하려고 해?" 제가 그 질문을 받고 솔직하게 던진 답은 "완벽한 사람이 어디 있어? 완벽하지 않아도 정말 하고 싶다는 생각이 들면 일단 시작하는 거지. 사람들은 완벽하게 하려고 하고 잘 하려고만 하니까 한 번에 하나밖에 못 하거든. 언니, 난 그게 아닌 것 같아. 나는 공부 열심히 해서 좋은 학점을 받는 것도 좋지만 그보단 하고 싶은 공부도 하며 자기 계발을 꾸준히 하는 게 중요하다고 봐"였어요.

저는 공부하면서도 관심 있는 일자리를 꾸준히 탐색했고 '내가 좋아하는 건 뭘까, 내가 잘하는 건 뭘까, 내게 행복을 주는 가치는 어디 있을까, 돈을 많이 버는 것이냐, 사회에 이바지를 하는 것이냐, 주변 사람들 돕는 것이냐, 아니면 이것들을 동시에 추구하는 것을 찾을 것이냐'를 스스로에게 끊임없이 물어보며 찾아갔죠.

동시에 여러 가지를 하다 보니, 어쩌면 사람들은 이도 저도 아니라고 판단했을지 모르지만, 저는 아니었어요. 확신이 있었거든요. 그리고 놀랍게 다 잘 됐어요. 공부도 일도 같이 해낼 수 있었죠. 졸업을 하면서 어느새 제가 하는 일까지 업그레이드가 되더라고요. 그 언니도 제 생각이 맞았다는 걸 어느 날 저에게 인정했죠. 돌아보니 저는 주변 사람들에게 자극을 주고 강점을 찾도록 도와주는 역할을 하곤 했어요. "언니, 관심 있는 분야를 공부해봐"라는 식으로 말이죠. 결국 그 언니는 우연한 기회에 저랑 같이 모 대학원에서 열리는 상담세미나에 갔다가 그곳에 '가족상담'이 있는 걸 알고 더 큰 배움의 길에 들어섰어요. 사실 그 언니는 늘 "난 못해"라는 말을 입에 달고 살던 분이었거든요. 하지만 나중에 대학원을 졸업하고, 취업도 했죠. 현재는 전공과 관련된 대학원을 졸업하시고 해당학과와 관련된 분야에 취업해서 행복하게 자신의 커리어를 쌓고 있습니다.

대답을 들으니 충분히 와 닿네요. 결국 코치님의 경우 '내가 잘하는 게 뭘까, 내가 좋아하는 게 뭘까'라는 고민을 하셨고, 그게 일과 학업으로 이어지신 거잖아요. 하지만 어찌 보면, 코치님이 살아가던 시대는 '자기가 좋아하는 영역을 찾는 것을 적극적으로 장려하는 분위기'는 아니었다고 보거든요. 그러한 열망을 갖게 된 계기가 있을까요? 어떠한 자극을 받았다거나…

자극이라… 끊임없이 제 안에 무언가 하고 싶다는 열정이 있었던 것 같아요. 제가 어렸을 때부터 책 읽는 걸 좋아했어요. 그래서 어렸을 때 읽었던 위인전들, 가령 퀴리부인, 나이팅게일, 라이트형제, 에디슨 등등 그런 위인들의 책이 제게 영향을 줬죠. 다양한 경험이나 환경적인 부분들이 넉넉하지 못했기에 책 속에 담겨진 다양한 인물들의 경험, 성공과 실패의 변화과정들이 담겨 있는 내용을 책을 통해 얻는 게 좋았어요. 그게 저로 하여금 '꿈'이라는 열망을 갖게 해준 것 같아요. 또 크리스천으로서 좋은 성경 말씀을 계속해서 들으며 '하나님께서 나를 만드셨는데, 분명 내겐 가능성이 있을 거야'라는 희망 같은 걸 품고 끊임없이 스스로를 탐색했어요.

결정적인 역할을 한 건 저의 어머니였어요. '내가 정말 잘 하는 걸 어떻게 발견하고 사용할 것인가. 10%만 사용할 것인가, 20%만 쓸 것인가' 그런 생각들에 대한 열정을 끊임없이 인정해 주고 격려해주었던 존재가 바로 어머니였거든요. 저는 3수 끝에 대학을 갔어요. 하지만 어머니는 제게 "공부 좀 그만해. 기집애가 무슨 공부야? 취업이나 해” 그런 식의 말을 하신 적이 단 한 번도 없어요. “할 수 있어, 우리 딸 향미 할 수 있어!” 그러면서 항상 저에게 태몽 이야기를 들려주셨어요. 제가 힘들어 할 때마다 늘 태몽 이야기를 하시면서, “괜찮아, 할 수 있으니 해봐!”라며 격려의 칭찬을 해주셨죠. 어머니는 제가 책을 좋아하니까, 당시 아버지의 월급을 쪼개고 쪼개서 책을 사주셨어요. 당시에는 쉽지 않은 결정이었을 텐데 말이죠. 지금 생각해 보면 그러한 어머니의 노력 덕분에 ‘난 좀 더 훌륭한 사람이 될 수 있을 거야. 내가 잘하는 일이나 사명이 분명히 있을 거야’라는 기대와 비전을 품을 수 있었죠.

　남편의 역할도 컸어요. 사실 결혼을 하고 나면 육아문제도 그렇지만 새로운 경력을 쌓기 위해 준비한다는 건 남편의 도움 없이는 힘들잖아요. 그럴 때마다 저의 남편은 묵묵하게 “당신 할 수 있으니 해봐!”라며 격려해줬죠. 그 때 당시 남편 혼자 일하고 아이들은 연년생으로 크고 있는 상황이었거든요. 그러니 비싼 수강료를 지불하고 강좌를 들을 수는 없잖아요. 그래서 그저 주부로서, 일을 이제 시작하려는 사람으로서 갈 수 있는 곳은 도서관이 유일했던 것 같아요. 도서관에서 무료로 개설되는 강좌를 듣거나 아주 약간의 경비를 내고 공부할 수 있는 과정을 치밀하게 시간표로 짰어요. 애들이 유치원 가는 시간에 저는 부지런히 도서관으로 공부하러 갔죠. 그야말로 그 시간이 황금 시간이잖아요. 옆집 엄마들은 커피 타임하고 운동하러 다닐 때, 물론 그것도 좋지만, 저는 그것보다는 저의 또 다른 성장을 위해서 자기계발과 미래에 투자하고 싶었어요. 그래서 열심히 나가서 배우고 공부했죠.

듣다 보니 생기는 궁금함이 있습니다. 어찌 보면 코치님 안에 성장에 대한 열망이 끊이지 않았던 거잖아요. 그렇다면, 코치님이 생각하는 '성장'이란 무엇인지 궁금해지네요. 성장에 대한 기준은 사람마다 다르잖아요. 기업인이라면 그게 '매출'일 테고요. 예를 들어 성품의 성장일 수도 있고, 감정의 성장일 수도 있겠네요.

맞아요, 성품의 성장도 정말 중요한 성장 중 하나입니다. 제가 보는 성장은 사람이라는 존재를 있는 그대로 바라볼 수 있는 것. 잘 났건 못 났건 배웠건 못 배웠건 경제적으로 부유하든 그렇지 않든, 이 세상에 존재하게 된 이유가 있다는 생각을 품는 것. 즉, 모든 존재는 소중한 존재라고 여길 수 있는 것. 그게 성장 아닐까 싶어요.

지금의 저는 사람에 대한 경계를 두지 않고 환대하는 편이에요. 그래서 바쁜 일정 속에 하루하루를 보내고 있어도 누군가 나를 만나보고 싶다고 하면 어떻게 해서든지 시간을 내려고 해요. 그것이 제 마음속에 심겨져 있는 의리, 혹은 정의거든요. 더 정확히 표현하자면 사람에 대한 사랑의 표현이라고 할 수도 있겠네요. 사랑은 표현될 때 아름다운 것이라고 생각하거든요.

그렇다면, 성장이란 건 '좀 넉넉해지는 것'이라고 볼 수도 있겠네요.

맞아요, 동시에 제 몸도 넉넉해졌지만.(웃음) 물론 성장에는 업무적인 성장, 즉 전문성의 향상, 그리고 지식의 성장, 대인관계에 있어서의 성장도 포함됩니다. 이 중에서도 관계의 성장은 참으로 중요한 것 같아요. 누군가 나와 함께 성장하고 지속적으로 같은 목표를 향해 간다는 건 일이나 삶에서 정말 큰 원동력이거든요.

"제가 보는 성장은
사람이라는 존재를
있는 그대로 바라볼 수 있는 것.
잘 났건 못 났건 배웠건 못 배웠건
경제적으로 부유하든 그렇지 않든,
이 세상에 존재하게 된
이유가 있다는 생각을 품는 것.

즉, 모든 존재는
소중한 존재라고 여길 수 있는 것.
그게 성장 아닐까 싶어요."

예, '성장'에 대해서는 앞으로도 충분히 나눌 기회가 있을듯합니다. 그리고 조금 다른 이야기를 해보려고 해요. 유튜브에 들어가 코치님 이름을 검색하니 영상이 하나 있더라고요. 제가 예상한 느낌대로 강의하고 계시더군요. 저를 대하시는 느낌과 강의하실 때의 느낌이 다르지 않았어요. 사람을 환하게 만들어주시는 느낌이랄까. 사실 숨 막힐 정도로 프로페셔널한 느낌만 나는 강사들도 있잖아요. 너무 완벽해보여서 도저히 질문하기 어려운 강사랄까…

예, 물론 전문적이고 프로페셔널한 느낌도 강사에게 있어서는 중요한 부분인데요, 저는 상대방에게 편안함과 신뢰를 줄 수 있는 느낌에 좀 더 큰 비중을 두는 스타일입니다.

왠지 코치님이라면 강의가 끝나도 무언가 질문하면 다 대답해 줄 것 같은 느낌이 있거든요. 제 예상이 맞나요?

저도 예전엔 강의안 PPT를 30장 준비하면 30장을 다 끝내야만 강의를 잘했다고 스스로 생각했어요. 무조건 완벽하고, 준비한 건 다 전달해야 뛰어난 강의라고 생각했죠. 하지만 오랜 기간 강단에서 강의하다 보니 생각이 좀 바뀌었어요. 물론 제가 전달할 부분에 대해서는 완벽하게 전달하되, 강의의 전반적인 구조는 당일 강의장의 분위기나 참석하는 수강자 등을 사전에 미리 조사하여 효율적인 방법을 찾으려고 하죠. 그래서 저는 강의를 의뢰 받게 되면 가장 먼저 프로그램의 취지와 해당 수강자들에 대한 사전 정보 이야기를 강의 담당자와 긴밀하게 나눠요. 프로그램을 통해 기대하는 효과, 강의 이후 어떤 활동들이 연결되어 있는지에 대해 중점적으로 협의하는 거죠. 이러한 협의는 강의를 오래 하면 할수록 더욱 주의를 기울이게 되는 점이에요. 강의와 코칭 분야는 내용을 일방적으로 주입하는 것이 아니라 의식의 흐름을 놓치지 않고 서로 주고받는, 즉 따라가고 따라오며 일련의 호흡을 맞추는 과정이기 때문이에요. 저 같은 경우 모 기관에 강의 의뢰를 받고 처음 출강하게 되면 별일이 없는 거의 10년 이상 넘게 꾸준히 강의출강을 요청받고 있어요. 아마도 이런 보이지 않는 세심한 부분들이 기관 담당자들에게는 신뢰를 주는 것 같아요.

저처럼 1인 강사로 꾸준히 활동을 하시는 분들의 경우, 이러한 작은 부분들이 습관이 되고 행동이 되다보면 결국 명품 강의로 이어질 수 있지 않을까 싶어요. 돌아보면, 이런 변화는 강의를 오랜 기간 해오며 많은 사례들을 접하다보니 생겨났어요. 그렇게 보면 제가 강의장이나 상담실 등에서 만났던 모든 분들이 저의 강사 인생에 스승인 셈이죠.

코치님이 진행하시는 프로그램 중 하나만 예를 들어주실 수 있을까요?

제가 진행하는 자활기관 프로그램 중에 '자존감 향상과 동기부여' 영역의 강의가 있어요. 지금은 강의명이 〈굿 라이프를 위한 행복한 나 세우기〉이구요. 이 강의의 핵심 주제는 '행복'이죠. 그런데 그 행복에서 '내'가 빠지면 안 되잖아요. '행복한 나'라는 자존감 향상 프로그램을 10년 넘게 진행 중이에요. 소위 말하는 인기 강좌입니다. 자활 기관에는 강좌가 많잖아요. 그래도 제 자존감향상 프로그램은 꾸준히 버티고 있습니다.(웃음)

이 그 프로그램은 긍정심리학을 기반으로 하여 행복의 3요소를 안내해요. 그리고 행복 10계명을 찾고, "행복한 삶을 살려면 이런 것 정도는 있어야 하더라" 그런 것들에 대한 내용을 강의로 구성하죠. 오프닝 시간 1시간 정도는 친밀감을 형성하는 게임도 하고, 강의를 통해 중요한 부분을 제가 집중적으로 전달해요. 나머지 영역은 본인 스스로, 그리고 워크숍 형태의 활동을 통해서 자신을 느끼고 상대방과 교감하고 성찰하면서 해답을 찾아나가는 거죠.

요즘은 '자존감 향상' 자체가 중요한 화두잖아요. 수년 전 〈자존감 수업〉이란 책이 엄청난 인기를 끌기도 했고. '자존감'이란 키워드가 나온 김에 자존감에 대해 좀 더 이야기해주시면 좋을듯해요. 저는 자존감이라는 게 두 가지 부분으로 세워질 수 있다고 보거든요. 첫 번째는 정신적인 부분. 즉 누군가가 격려해주고, '내가 잘 하고 있다'라고 스스로를 칭찬해주는 거죠. 또 하나는 실질적인 성취가 필요하다고 봐요. 작은 성취를 축적하며 '내가 충분히 가치 있는 존재구나'라는 걸 실질적으로 경험할 수 있는 것.

가만 보면 종교적인 기관에서는 전자만 강조하는 경향이 있고, 비종교 기관에서는 후자만 강조하는 경향이 있어 보여요. 코치님의 경우 자존감 향상에 대해서 강의하실 때, 어떤 부분에 포인트를 두시나요?

방금 말씀하신 두 부분이 다 들어갑니다. 저는 '자기 자신에 대한 것'에 중점을 둬요. 미국의 심리학자 '나다니엘 브랜든'이라는 심리학자는 자존감을 처음으로 대중에게 알렸고 자존감의 원리를 명확하게 규명한 학자로 유명한데요. 저는 "자존감이야말로 나를 키우는 힘"이라는 말을 들었을 때 속으로 '유레카!'를 외쳤어요. 저의 어머니가 저를 그렇게 키워주셨거든요.

내게 재미있고 몰입할 수 있고 의미 있는 것을 해나가는 것. 그것들에 도전하여 실제로 해보고 발견하는 것. 그것이 바로 자기 발견이고 자기 존중이에요. 그리고 나 자신을 남과 비교하지 않는 것. 나 자신을 자랑스럽게 여기는 것. 그래야만, 남들한테도 당당하게 설 수 있잖아요. 그래서 자존감은 내 안에 있는 회복탄력성, 즉 내겐 버거운 역경과 실패로부터 다시 일어서는 힘과 관련이 깊어요. 이런 굵직한 포인트를 가지고 제 사례에 접목하여 강의하는 편이죠.

주로 어떤 사례를 드시나요?

수술했던 경험을 나눠요. 강사로서 탄탄대로를 달리며 열심히 활동하던 중 갑자기 청천벽력 같이 일을 멈추게 되었던 경험이 있거든요. 당시 저와 제 가족 모두 당황스러웠죠. 그러나 그 시간은 저 자신을 성찰해보는 시간이었고, 주변 사람들이 저를 위해 기도해주며 병실에 찾아와 간호해주는 시간이었어요. 불평하며 나와 남을 비난하는 시간이 아니라 감사의 시간이었죠. 결국 그 힘으로 다시 한 번 일어설 수 있게 되었어요. 건강을 잃어버릴 위험에 처했지만 "내가 이러이러한 마음을 먹고 살아가니 회복되더라" "가장 어렵고 힘든 순간에 직면했을 때 진정한 자기 모습을 발견하고 솔직하게 이해하게 되면서 '진정한 행복이란 무엇인가'에 대해 내 자신 스스로가 정의를 내릴 수 있게 되더라", 이런 메시지들을 수강생들에게 이야기하는 거죠.

이러한 힘은 결국 자존감에서 비롯되었거든요. 자신이 살아가는 동안 행복할 권리가 있다는 것을 믿는 긍정적인 태도, 그리고 자신의 생각과 욕구를 적절하게 표현하는 데서 얻을 수 있는 위안, 또한 내가 만들어 가는 성취와 기쁨을 경험할 권리가 나에게도 있다는 사실 확신하는 태도. 그런 게 다 자존감과 연결되죠. 결국 자존감은 자기존중의 가치와 신념에서 나오는 확신이에요.

자존감은, 물론 성취도 중요해요. 그래서 저는 작은 성취의 기쁨을 맛보는 것이 중요하다고 이야기해요. 특히 청소년들이나 학부모님들 대상의 강의에서는 작은 성취가 얼마나 중요한지에 대해 자세히 설명합니다. 요즘 청소년들은 크고 위대한 것만 성취라고 생각하는 경향이 있거든요. 가령 겨울에 눈이 내리고, 그 눈을 모으고 모으다보면 커다란 눈사람을 만들 수 있는 눈덩이가 되잖아요. 이렇듯, 작은 성취의 경험을 자주 경험하라고 강조하며 이야기해주죠.

그러나 실패나 실수도 성공으로 가는 시발점이 될 수 있다고 봐요. "실패를 두려워하지 말라"면서 저의 사례를 말해주죠. 제가 초등학교 4학년 1학기 때 서울에서 인천으로 전학을 왔는데, 옆 반

선생님이 학교에서 운영하는 양궁부를 맡고 있는 분이었어요. 모르는 애가 전학을 왔으니까, 복도에서 저를 보고 "야 너 누구니?"라고 물으시더라고요. 그러면서 "요 녀석 봐라. 운동 잘하게 생겼네"라고 하시길래 "선생님 저 운동 못해요. 양궁 몰라요. 안 해봤어요" 했죠. 그랬더니 "넌 잘 할 수 있어"라고 하시는 거 있죠. 결국 그 선생님의 "할 수 있다"는 한 마디에 양궁을 시작했어요. 그래서 전학을 오자마자 방과 후에 학교건물 뒤에 있는 양궁장에 갔죠. 난생 처음 양궁장이란 곳도 가보았고 활도 직접 잡아보게 되었지요. 양궁을 처음에 시작했을 당시에는 제가 좀 잘 했어요.(웃음) 열심히 운동해서 학교 대표가 되고 인천시 대표까지 됐거든요. 그런데 그때 제가 잘한다고 칭찬을 받다보니 좀 교만했어요. 잘한다고 했으면 꾸준하게 성실히 했어야 하는데, 연습을 대충대충 한 거죠. 차츰차츰 양궁에 대한 매력도 사라지게 되고 '하기 싫다'는 생각이 들어서 초등학교 6학년을 끝으로 양궁선수 생활을 접게 되었어요.

그런데 중요한 건, 제가 훗날 진로와 관련된 공부를 하다 보니 깨달은 부분이 있어요. 저는 운동과 관련된 영역에 단순 흥미는 있지만 적성이 거의 없다는 거였어요. 그래서 청소년들과 학부모 대상의 진로강의를 하게 되면 '자신의 적성과 흥미가 어떠한 영역으로 발달되어 있는지' 관심 있게 살펴보라고 강조하는 편입니다. 그래서 제가 양궁선수로서 꿈을 접게 된 것은 지금에 와서 보면 정말 잘 한 결정이었다는 생각을 해요.

남들이 볼 때는 실패였지만, 그 실패가 새로운 자극과 발견이었던 셈이네요.

예, 그런 셈이죠. 그리고 좀 다른 이야기를 하자면, 당시 양궁을 그만두며 담임선생님께 받은 상처가 컸어요. 제가 양궁을 그만두는 것에 대해 학생들 앞에서 마치 제가 굉장히 부족한 아이처럼 말하셨거든요. 어린 나이였지만 선생님의 그 말로 인해 정말 수치스럽고 부끄러웠어요. 당시 받은 상처가 그 후로도 정말 오래가더라고요. 그래서 저는 '함부로 판단하지 말자' '차별하지 말자' '비교하지 말자'라는 마음을 더욱 굳게 품게 됐어요. 아이들은 저마다 다르잖아요. 그래서 저는 항상 '모든 아이는 각각 다르다는 것'을 강조해요. 꽃들도 계절에 따라 피어나는 속도가 다르잖아요.

제가 가지고 있는 장점이라면, 상대방을 편안하고 따뜻하게 해주는 것 같아요.(웃음) 상대방의 약점을 지적하기보단 있는 그대로 존중해주고 경청해 줌으로써, 상대방이 솔직하게 자신을 바라볼 수 있도록 하는 거죠. 그러다보면 자신 안에 무한한 가능성이 있다는 것을 발견하게 되거든요. 그저 잘 들어주는 사람이 있다는 것만으로도 사람들은 한 걸음 한 걸음 '나다움'으로 아픔 속에서도 꿋꿋하게 앞을 향해 걸어갈 수 있게 되니까요.

　사람들 중에서도 아주 예리하게 누군가의 단점을 포착하는 사람이 있는 반면, 코치님처럼 밝은 에너지로 상대방의 장점을 충분히 칭찬하면서 그 장점이 풍성한 열매로 바뀌게 해주는 사람이 있는 것 같아요.

　저도 사람인데 왜 단점이 안 보이겠어요.(웃음) 그렇지만, 장점을 더 극대화시켜주려고 노력하는 코치인 셈이죠.

　예, 그렇다면 조금 화제를 돌려서 다른 질문을 드려볼게요. 코치님에게 있어서 가장 중요한 키워드는 '행복' 같아요. 늘 행복을 강조하시고, '행복을 부르는 변코치'라는 닉네임도 있잖아요. 사실 '행복을 부르는 변코치'라는 타이틀이 코치님을 잘 아는 사람에게야 와 닿을 수 있지만, 요즘 같은 시대에는 그러한 타이틀이 비현실적으로 다가올 수 있다고 보거든요. 왜냐면, 행복하지 못한 사람이 실제로 많으니까요. 행복이라는 게 굉장히 거창한 가치가 돼 버렸잖아요.

저는 코치님이 끊임없이 '행복'이라는 가치를 추구하시는 이유가 좀 궁금해요. 다양한 가치 중에서도 유독 행복을 강조하시는 이유가 있지 않을까 싶거든요.

누구나 행복은 자신의 관점으로 해석할 수 있잖아요. 제가 생각하는 행복은 보이지 않는, 저 멀리 있는 개념이 아니라고 봐요. 누군가는 행복을 돈과 명예로 추구하고, 누군가는 행복을 '자신이 어떤 차를 타고 다니는가'로 판단하기도 하죠. 물론 그럴 수 있습니다. 그런데 상대방과의 비교가 들어가기 시작하면 행복하기 어렵잖아요. '비교'야말로 행복을 가로막는 장애물이죠.

물론 누군가는 저를 두고 "자기가 어느 정도 이뤘으니 저런 소리하네" 그럴지도 모르겠어요. 하지만 저도 결혼을 하고 두 아이를 자녀로 두고 인생을 50년 정도 살아보니, 행복은 내 삶 가운데 가장 가까이 있다는 것을 알게 되었죠. 건강의 문제로 어려운 시기를 겪어보니 평범한 일상이 얼마나 감사한지 알게 됐고, 아이를 키우면서 이런저런 어려움과 힘든 과정을 겪어보니 행복이란 돈, 명예, 직위, 인맥, 환경 등등의 것으로 채워지지 않는다는 걸 알게 되었어요. 지금은 정말 '일상이 감사'에요.

운전하는 것을 가장 두려워했던 제가 전국을 다니며 운전하고 좋아하는 노래를 부를 수 있다는 것도 감사고, 누가 내 생일을 기억해서 문자나 카톡을 주는 것도 감사이며 행복 아닐까요? 그런데 사람들은 행복에 대한 기대 같은 것이 너무 높아요. 거기엔 다타인과의 비교가 들어가잖아요. 그래서 행복을 모르는 게 저는 안타까운 거죠. 제가 진행하는 강의 '굿 라이프를 위한 행복한 나 세우기'는 사소한 것을 통해 나의 일상을 돌아보게 하고, 알고 보니나에게도 감사거리가 얼마나 많은가, 그것을 찾아보게 하는 수업이에요. 그러니 제게 있어 행복이란 건 어려운 게 아니고, 어쩌면삶 그 자체인지도 모르겠어요. 요새 우리에게 유명한 말이 된 '소확행', 즉 소소하지만 확실한 행복이죠.

예, 공감합니다. 그리고 제가 보기에 초반에 이야기하신 어머님이야기를 들어보니, 코치님 인생에 있어서 정말 좋은 행복 코치는'어머님'이셨던 거 같아요.

예, 어머니에요.

예를 들어 자녀가 3수까지 했을 때, 그런 상황을 존중해주셨고, 획일적인 가치관으로 누른 게 아니라 코치님을 존재 자체로 아껴

주신 느낌이거든요.

예, 맞아요.

거기서 체득된 선천적인 밝음이 있으신 것 같아요. 그것들이 계속 삶 속에서 하나하나 행복이란 가치를 만들어나간 듯싶고요. 정말 자연스럽게 말이죠. 그게 너무 좋으니 더 전달하고 싶으신 거 아닐까요?

예, 그래서 부모 교육에 가면 이런 이야기를 꼭 해요. "여러분의 삶이 자녀들의 롤 모델이 되게 노력하세요. 그것이 여러분이 잘 되는 길이에요. 가령, 엄마가 책도 안 보면서 어떻게 아이들한테 책을 보라고 하십니까."

자녀들이 자라남에 있어서 엄마들의 역할은 절대적이잖아요. 물론, 당연히 아빠의 존재도 절대적이겠죠. 현장에서 엄마들을 만날 때 주로 어떤 부분에 대해 구체적인 조언을 던지시는 편인가요?

흠, "있는 그대로의 아이를 존중하라." 그런 메시지를 힘주어 전해요. 아이가 탯줄로 엄마와 연결됐던 건, 그건 정말 엄마만 경험할 수밖에 없는, 놀라운 신비잖아요. 작가님은 남자니까 경험할 수 없죠.(웃음) 그건 진짜 절대적인 거예요. 나와 탯줄로 연결된 아이라는 건…

한 몸인 거잖아요.

그 얘기만 하면 엄마들이 눈물을 쏟아요. 보통 그 신비를 잊어버리고 사니까요. 그 아이와 나는 한 몸이었잖아요. 뱃속에서 아이가 꼬물꼬물 움직이고, 태어나서 몸만 뒤집어도, 뒤집기만 성공해도 얼마나 박수 치며 좋아했나요. 그런데 세월이 흐르고 아이들이 성장하며 자꾸 남의 집 자녀와 비교가 되고 우리 아이의 단점만 보이게 된 거죠.

"우리 아이들이 열 가지 잘하는 점이 있어요. 그것을 엄마의 눈높이로 보지 마시고, 우리 아이의 눈으로 잘 보세요. 잘 관찰해보고 나서 자녀와 이야기하세요. 부모로서 중심을 잡으시고 우리 아이를 향해 관심을 갖고 바라보세요. 그런 다음에 우리 아이가 무엇을 잘 하는지 열 가지씩 찾아보세요." 그렇게 말하면 보통 "우리 아이는 잘 하는 게 한두 가지도 없어요" 하시던 엄마들이 그 다음 번 교육에 가면 "선생님, 우리 아이가 잘 하는 게 있어요." 그렇게 이야기하시더라고요.(웃음) 사랑은 관심에서 출발하니까요.

자녀가 중학생, 고등학생이라면 1년에 평균 4번의 정기시험을 보잖아요. 한 번 못 봤다고 해서 그 아이의 인생이 끝난 거 아니잖아요. 남아 있는 시험에 대한 기대와 포부를 아이에게 심어줘야죠. "칭찬은 우리 자녀들을 춤추게 합니다. 그러나 칭찬도 위험한 칭찬과 위대한 칭찬이 있습니다. 위험한 칭찬은 자녀를 다른 아이와 비교하는 칭찬, 자녀에게 부담을 주는 칭찬이에요. 자녀와 거래를 하는 칭찬, 막연한 칭찬 등은 당신의 자녀가 추고 있던 멋진 춤도 멈추게 할 수 있습니다." 그런 메시지를 함께 전달해요. 반대로 위대한 칭찬에 대해서도 이야기하죠. "위대한 칭찬은 자녀의 개별성을 인정하는 칭찬입니다. 즉각적이고 창의적으로 하는 칭찬, 구체적으로 하는 칭찬은 당신의 자녀가 멋진 춤을 계속 출 수 있도록 만들어 줍니다. 칭찬은 자녀의 긍정적이고 노력하는 모습에 대해 말과 행동으로 인정해 주고 축하해 주는 것입니다. 부모로서 내 자녀에게 칭찬을 잘 할 수 있도록 꾸준히 노력하시기를 잊지 말아주세요."

감동적이네요.

감동적인가요?(웃음) 무조건 부딪히려고 하지 말고, 있는 그대로 바라보면 다 답이 나오긴 해요. 그런데 사실 우리가 그럴 시간이 없죠. 엄마 아빠와 대화할 수 있는 시간도 적잖아요. 아이들과 대화시간을 의도적으로 가져보고, 자꾸만 아이에게 있는 강점을 끌어내리려고 노력하는 게 중요해요. 요즘 엄마 아빠들을 만나보면 아이와 대화하는 게 어색하다는 분들이 많아요. 늘 공부 얘기만 하니까 다른 대화 주제가 없는 거죠. 요즘 우리 아이가 좋아하는 노래는 어떤 곡일까? 요즘 자주 가는 장소는 어디인가? 부모가 보기엔 사소한 것이지만 아이들에게는 중요한 부분일 수 있거든요.

그래서 저는 대한민국 부모교육을 강의하는 강사로서 사명감을 가지고 부모교육에 혼신의 힘을 다하고 있어요. '단 한명의 아이도 포기할 수 없다'는 저의 마음이 부모님들께 심겨지길 바라는 마음으로 강의를 하는 셈이죠.

그리고 저는 '부모 교육'을 하지만, 보통 '어떻게 자녀를 잘 키울 것인가'에 포커스를 맞추지만, 더불어 제가 전달하고 싶은 건 "아이도 중요하지만, 부모님 본인이 잘 살자"에요. 엄마가 건강하고 행복해야 아이가 건강하고 행복한 아이가 될 수 있잖아요. 내가 힘든데 애가 잘 되길 바라지 마시고, 어머님들부터 꿈을 찾으려고 노력하시라고 권면해요. 그러다보면 자연스럽게 관심이 자녀에게서 부모 자신으로 전환되거든요. 자녀들에게 집요하게 집착하던 부모들이 자녀들과 적당한 거리를 유지하게 되면서 부모와 자녀간의 관계가 자연스럽게 회복되는 경우도 있어요.

지금 말씀하신 게 굉장히 중요한 지점 같아요. 자꾸 시선을 자녀 한테만 두는 것이 아니라, 일단 내가 어떤 사람인지 아는 게 중요한 거죠. 거기서부터 비롯된 자녀 교육으로 가야 할 테고요.

숱하게 많은 엄마들을 만나셨겠지만 특별히 기억에 남는 엄마가 있으신가요?

제가 예전에 강사활동을 했던 학교가 인문계 고등학교이다 보니 학생들의 수업권을 보장하기 위해 오후부터 출근하기 원하더라고요. 저에게는 강사로서의 일을 병행할 수 있는 딱 좋은 근무 조건이었죠.

오전에는 강의하고 오후에는 학교에 출근해서 저녁까지 상담하고, 지금 생각해 보면 정말 빡빡한 스케줄이었어요. 그런데 학교에서 아이들을 상담해보니 아이들만 상담할 게 아니라 부모님들을 만나야겠더라고요. 그래서 담당 부장님께 "부장님, 외람된 말씀인지 모르겠지만 애들을 만나보니 부모들을 만나야겠다는 생각이 드네요. 부모 교육을 개설해야겠어요."라는 말씀을 드렸어요. 일단 계획서를 보내드렸죠. 그랬더니 부장님이 "아이고 변 선생님, 일거리 더 만들지 마세요"라는 거예요.(웃음) 그래서 제가 "이건 해야 할 일이잖아요. 부장님은 오케이만 해주세요. 교장 선생님이 보시고 검토하실 수 있도록" 이렇게 자신 있게 이야기했죠. 결국 통과가 됐어요. 그렇게 부모 교육이 시작됐죠.

정말 다양한 엄마들을 만나게 됐어요. 그때 만났던 엄마들하고 지금까지도 계속 만나고 있죠. 자녀 때문에 학교에 상담하러 왔지만, 본인 상담을 받는 거죠. 그러면서 인생을 새롭게 설계하며 공부를 다시 시작하는 분도 있었어요. 전문대를 나오신 한 엄마에겐 제가 "방송통신대를 가라"고 말씀을 드렸어요. 그래서 결국 편입을 하고 졸업까지 하셨죠. 제가 "교육청에 이러이러한 단체가 있으니 한 번 해보실래요"라고 제안도 드렸어요. 그래서 본인도 현장에서 아이들을 상담하는 선생님으로 가게 됐죠. 지금은 제가 부탁드릴 상황이 있어 도움을 요청하면 "예, 선생님" 하시면서 저를 도와주러 달려오세요. 저를 만나서 자녀의 문제도 해결됐고, 본인까지 상담해준 덕에 행복한 삶을 살 수 있게 되었다고 고백하시더라고요.

아주 이상적인 선순환이네요.

그런 것 같아요.

사실 교육이란 게 아무리 아이들한테 좋은 말을 해줘도, 결국 아이들 삶의 대부분은 엄마와의 만남이니까요.

엄마 아빠를 만나봐야겠더라고요. 아이들 말만 맹신할 순 없잖아요. 암튼, 부모 교육이 개설되면서 부모 교육이 제가 근무하던 학교에서 엄청 인기를 끌었어요. 그 해에는 일개 상담교사인 제가 교사 평가에서 꽤 좋은 평가를 받는, 놀라운 일이 벌어지기도 했죠.(웃음) 당시 제가 있던 상담방이 일명 '사랑의 처방전'으로 불렸어요. "거기 가면 선생님이 처방을 잘 내려주신다"라는 말을 어머니들이 저한테 해주셨죠.

대체 그 인기의 비결은 뭐였나요?

정성, 그리고 사랑이죠. 일로 만나긴 하지만 일로만 끝나는 것이 아니라 꾸준하게 관심을 갖고 상대방을 대하는 것. 제가 진심으로 대하니 감동을 받으신 것 같아요. 결국 진심은 통하잖아요. "통하였느냐?" 그런 말도 있듯이… 그러면서 자연스럽게 본인들의 문제도 하나둘씩 해결해 가시면서 각자의 자리에서 잘 자라나시는 모습을 발견할 수 있었죠.

'사랑의 처방전'이란 말이 참 좋네요. 그곳이 학교에서 굉장히 뜨거운 장소였겠어요.

예, 예산이 넉넉하지 않은 상황에서도 이곳에 예산을 만들어주셨고 상담실 환경도 개선해주셨어요. 프로그램도 제가 마음껏 할 수 있도록 해주셨고요. 그 학교에 없던 '또래 상담자 프로그램'도 개설하고, 한 마디로 제가 일거리를 만들었죠. 그게 제 성향인가 봐요.(웃음) 학교를 건강하게 만들기 위해 노력하고, 이런 저런 캠페인을 했던 것이 기억에 많이 남아요.

그때 만난 교장 선생님, 교감 선생님, 부장님, 평교사분들도 지금까지 연락을 주세요. 저는 인연에 대해서는 소중하게 생각하거든요. "스치면 인연. 스며들면 사랑." 이런 말도 있잖아요.

그건 코치님이 직접 만드신 문구신가요?

만든 건 아니에요.(웃음) 비록 제가 만든 문장은 아니지만, 진짜 맞는 같아요. 단 한 사람과의 만남일지라도 저에게는 소중하거든요. 그래서 신중하게, 만남을 지속적으로 갖는 편이에요. 그리고 제가 조금 기억을 잘 하거든요. 상대방은 저를 기억 못 해도 저는 기억을 해요. 그런 것들이 사람들을 깜짝깜짝 놀라게 하나 봐요. 스치는 사랑도 스며드는 사랑으로 만드는 마법 같은 힘이 제게 있나봅니다.(웃음)

오늘 정말 좋은 이야기들이 쏟아지네요. 마지막 질문을 드릴게요. 코치님께 이 질문을 꼭 드리고 싶었습니다.

코칭이란 무엇인가요?

코칭이란, 가르치려들지 않고, 질문을 던지며 스스로가 본질에 대한 답을 찾을 수 있도록 돕는, 그리고 가능성을 깨닫게 해주는 것이라고 할 수 있죠. 그 해답을 찾을 수 있도록 파트너가 되어 주는 것. 스스로 답을 찾을 수 있음을 믿어주는 것, 다양한 관점으로 보게 하고, 이야기를 들어주면서 긍정의 언어로 피드백을 해주는 것. "할 수 있다"라는 긍정의 에너지를, 제가 갖고 있는 에너지로 진실하게 전달하는 것. 바라봐주고, 진정으로 귀 기울이고, 마음을 기울이면서 그 사람에게 있는 가능성을 발견해주는 것. "어머? 이런 점이 있어요?" 이렇게 자기가 생각하지 못했던 것들을 생각하게 해주는, 그런 것들이 코칭이 아닐까 싶어요.

와, 풍성한 대답이네요.

꽤 길죠? 제가 정의하는 코칭은 이렇습니다.(웃음)

**자녀의 건강한 성장을 위해
부모가 반드시
기억해야 할 5가지**

부모들은 '너무나' 자녀를 사랑하기에, 많은 부모들이 삶의 연륜에 따른 지식과 지혜로 자신의 생각을 일방적으로 자녀에게 주입시키는 경우가 많습니다. 아무리 어린 자녀라도 나름대로의 생각과 욕구를 가지고 있습니다. 따라서 부모들도 자녀를 건강하게 키우기 위해서는 '열심히 배워야' 합니다.

자녀의 건강한 성장을 위하여 부모가 반드시 기억해야 할 5가지를 소개합니다.

자녀의 온전한 성장과 가능성에 지속적인 사랑의 빛을 비춰주는 '에너자이저 부모 되기 5계명'입니다.

1. 부모가 행복해야 자녀도 행복합니다.

　자녀를 건강하게 키우기 위해 부모 자신의 행복을 먼저 염두에 두시기 바랍니다. 그래야 내 아이의 행복도 함께 찾을 수 있습니다.

　엄마, 아빠가 자신의 행복도 찾지 못했으면서 내 아이의 행복을 찾으라고 강요하실 건가요? 엄마, 아빠가 행복하지 못했기 때문에 내 아이만큼은 행복해야 한다고, 그들이 가짜 인생을 살아가게 하실 건가요? 이제 부모 스스로를 돌보셔야 합니다. 자신의 인생을 위해 행복한 삶을 찾기를 바랍니다. 부모가 행복할 때 내 아이도 행복할 수 있습니다. 부모가 건강해야 자녀도 건강해집니다. 부모가 바로 서야 자녀도 바로 설 수 있습니다.

　부모 스스로 행복을 찾으려고 연습하고 훈련하고 노력하시기 바랍니다.

　자녀와의 건강한 관계를 형성하고 유지하기 위해서 중요한 것은 부모 자신도 자존감을 갖는 것입니다. 부모로서의 역할에 우리는 때로 좌절하기도 하고, 힘들어 하기도 하지만, 여러분들은 현재 나름대로 최선을 다하고 계신 것입니다. 후회와 자책을 일삼는 부모보다는 노력하고 최선을 다하는 부모가 자녀와의 관계에도 더 좋은 영향을 줄 수 있습니다. 자존감이 높은 부모가 자녀와 민주적인 관계를 맺을 수 있고, 보다 넉넉한 여유와 자신감으로 행동합니다. 자존감이야말로 삶의 본질적인 과정에 기여하는 중요한 요소이기 때문입니다. 자존감이 낮은 사람은 용서 받을 기회를 찾지만 자존감이 건강한 사람은 존경받을 기회를 찾는다고 합니다. 이렇듯 자존감은 부모 자녀간의 행복한 관계에 있어서 지대한 영향을 줍니다.

열심히 살아 온 '나 자신과 내 삶'에 따뜻한 격려와 감사 표현을 오늘부터 시작해 볼까요?

자라고 있는 거지?
분명히?
보이지 않지만
자라고 있는 거지?

그렇지!
그럼 됐어!
잘하고 있는 거야!
넌 이미 자라고 있으니까.

이제, 여러분도 자신을 향한 감사의 편지를 써 보세요. 그동안 잘 살았음을…

나에게 쓰는 편지

2. 부모는 자녀에게 '최고의 코칭 선생님'이란 것을 전적으로 믿으셔야 합니다.

몸이 아프면 우리는 자연스럽게 가까운 병원에 가거나 약국을 방문하여 적절한 치료와 처방전을 받게 되는데, 이것은 아픔이 사라질 수 있다는 믿음이 있기 때문 아닐까요? 병원에 가서 의사에게 증상을 말하고 처방전을 받아 약국에서 약을 조제 받고 복용하는 순간, 사람들은 안심을 하고 나을 것이라고 생각하죠. 그렇게 지속되다보면 왠지 모르게 편안해서 선호하게 되는 단골 병원도 생깁니다. 그곳에 가야만 나을 것 같다는 믿음이 생기는 것이죠.

믿음과 신뢰가 쌓이면 그것이 좋은 관계로 이어지게 되는데, 인간의 생애발달 과정도 다양한 만남의 연속이지요. 많은 만남 중에서 부모와 자녀와의 만남처럼 중요한 만남이 또 있을까요?

생각해 보면 부모와 자녀의 만남이야말로 조물주의 신비가 빚어낸 우리 인생 최고로 경이로운 만남이란 생각을 해봅니다. 아이를 임신하는 기간 동안 엄마와 아이는 '탯줄'로 연결되어 함께 숨쉬고 먹고 자고 운동하는 등 한 몸이 되어 열 달 동안 동거동락 합니다. 이것은 엄마라는 이름으로 살아가는 동안은 결코 잊을 수 없는 순간이 될 것입니다. 육체적으로는 꽤나 버겁지만, 부모이기에 경험할 수 있는 최고의 특권이기도 하죠. 태동을 통해 아이가 기분 좋은지, 잠자고 있는지, 움직임에 따라 아이의 반응을 감각적으로 알 수 있습니다. 바로 그 기억을 자녀들을 키우는 동안 잊지 않고 기억하신다면 내 아이의 훌륭한 코치가 되실 겁니다. 잊지 마세요. 부모는 내 아이의 최고의 코칭 선생님이라는 사실을…

책에 실린 인터뷰를 통해 이야기했듯, 제가 처음으로 만난 제 인생의 롤모델이 바로 저의 어머니였습니다. 어머니는 제 삶의 가장 훌륭한 코치이자 선생님이자 친구이자 리더셨어요. 어머니는 공부를 많이 하시진 못한 분이었지만 제가 알고 있는 그 어떤 분보다 지혜로우시고 겸손하셨고 그 누구보다 저를 사랑하고 끝까지 도와주고 배려해 주신 분이십니다. 그리고 어머니는 인생을 살아가는 데 있어 가장 중요한 것이 무엇인지를 삶으로 실천하시며 저에게 보여주셨거든요. 어렵고 깊은 삶의 문제들을 만날 때마다 어떤 방식으로 풀어나가야 하는지 경험을 통해 말씀해주셨습니다. 실천적인 교훈으로 가르쳐 주신 것이죠.

현대사회의 다양하고 빠른 흐름에 흔들리지 마시고 내 아이를 향한 사랑에너지로 내 아이 최고의 코칭 선생님이 되어 주세요. 잘 안 된다고요? 힘들다고요? 내 아이를 위한 단 한 사람, 바로 그 존재가 부모입니다. 여러분의 자녀를 물건처럼 취급하지 마시고 주체적인 존재로 존중하며 아이와 소통하십시오. 다른 아이와 내 자녀를 비교하지 마십시오. 비교하려거든 '자녀의 어제'와 '오늘의 모습'만 비교하시기 바랍니다. 그것이 내 자녀의 건강한 성장을 돕는 비결일 것입니다.

자녀의 말이 끝날 때까지 들어주고 자녀가 언성을 높이더라도 같이 소리 지르지 않으며, 어른이지만 내가 잘못한 부분이 있다는 생각이 들 때에는 솔직하게 자녀에게 미안하다고 사과할 수 있는 용기가 있다면, 당신은 훌륭한 부모이자 가장 좋은 코치가 될 수 있습니다.

이 책을 읽고 있는 당신은 이미 시작할 수 있는 힘이 있습니다.

Q. 당신의 삶에 선한 영향력을 끼친 인물은 누구입니까?

A.

3. 자녀와 적당한 거리두기를 하시기 바랍니다.

아이들도 성장을 하지요. 보통 인간의 발달단계와 관련된 학자들의 다양한 이론이 있습니다.

저는 잠재력의 시기, 가능성의 시기, 탁월함의 시기, 이렇게 세 가지 시기로 구분하고 싶습니다. 〈자존감, 효능감을 만드는 버츄 프로젝트수업〉 권영애 지음 을 참고하였습니다.

먼저 '잠재력의 시기'는 아이들의 다양한 재능이 숨겨져 있는 시기입니다. 보석으로 비유하자면 원석 자체의 상태인 것입니다. 이 시기에는 다양한 경험과 탐색을 통해 자녀들의 재능을 발견해 주세요. 부모와 자녀 사이에 친밀한 거리가 필요한 시기이기도 합니다.

두 번째는 '가능성의 시기'입니다. 다양한 경험과 탐색활동을 통해 자녀와 친밀한 관계를 유지함과 동시에 다양한 도전과 시도가 필요한 시기, 즉 자극이 필요한 시기입니다. 부모들의 지혜가 필요합니다. '끌어당길 힘이 필요한 때'와 '떨어져야 할 때'를 적절히 구분해야 합니다. 이것이 잘 지켜질 때 건강한 사춘기를 보내게 됩니다. 자녀 스스로 자존감과 자기 효능감이 발휘될 수 있는 힘이 생기게 되는 것이죠.

자녀의 가능성이 보이는 순간, 부모에게는 탁월한 지혜가 필요한데 바로 '칭찬과 보상'입니다. 물론 칭찬과 보상은 제가 말한 '잠재력의 시기'에도 적절하게 필요합니다. 칭찬과 보상은 쉽게 말해 긍정적인 피드백이라고 할 수 있습니다. 예를 들어 자녀들이 힘든 일을 이겨내거나 학업에 있어 성취를 이뤘을 때 긍정적인 피드백을 즉시 던져 주는 것입니다. 더불어 좋은 결과도 중요하지만 '열심히 노력한 과정'도 함께 칭찬해 주세요. 그러나 이러한 칭찬과 보상은 짧은 시간 안에 변화를 원할 때 가장 효과적이기에 지속성의 한계가 생기기 마련입니다. 그러므로 부모의 칭찬과 보상이 자녀들에게 지속적으로 실행될 때 자녀들은 높은 동기를 유지하게 되고 이러한 높은 동기를 갖고 있는 자녀들은 목표와 방향성이 명확하여 구체적인 행동을 즐겁게 지속할 수 있습니다. 부모의 지혜로운 자극이 자녀 자신을 발전시키게 되는 것이죠.

마지막으로 '탁월성의 시기'가 있습니다. 잠재력과 가능성의 시기를 건강하게 보내면서 가장 빛나는 시기를 마주하게 되는데, 가장 빛나는 순간이라 함은 아름다운 내면의 힘으로 외면과 내면이 어우러진 균형 잡힌 상태를 말합니다. 이 때 부모는 적당한 거리를 유지하기만 하여도 자녀와 건강한 관계를 유지할 수 있습니다. 건강하게 이 시기에 도달한 자녀들은 자율성과 유능감을 통해 자신의 능력을 제한하지 않고 발전하고자 도전을 합니다. 그렇게 즐거운 인생을 만들어 가는 것이죠.

4. 소중한 순간순간을 추억으로 많이 만드시길 바랍니다.

자녀들이 성장하는 동안 자주 함께 하는 시간을 만드시길 바랍니다. 많은 비용을 들여 해외 여행을 가는 것도 하나의 방법일 수 있지만, 주말을 이용해 자녀들과 맛있는 음식을 만들어 함께 식사하는 그 시간이 자녀들의 기억 속에는 아주 오랫동안 기억될 것입니다. 지금도 저는 아버지께서 주말이 되면 일요일 아침마다 끓여주시던 김치찌개와 콩나물국, 그리고 도루묵이 들어간 생선찌개에 대한 그리움이 떠오르곤 합니다. 그 소박한 시간들이 추억으로 소환되어 부모님을 향한 깊은 감사의 마음을 불러일으킵니다.

또한 가까운 공원에 나가 공원길을 산책해 보시길 권해드립니다. 공원 숲 사이 길을 길으며 자녀의 웃음소리, 고민거리들을 충분히 들어보는 것이죠. 지혜로운 부모는 자녀를 보석처럼 여기되 자녀에게 물고기를 잡아서 주는 것이 아니라 자녀 스스로 물고기를 잡아서 먹을 수 있는 방법을 가르친다고 합니다. 일상에서 자연스럽게 나누는 자녀와의 대화를 통해 자녀에게 충분한 질문을 던지는 겁니다. 이런 대화야말로 진정 자녀를 존중하고 사랑하는 대화입니다.

자녀들과 자주 이용하는 추억의 공간을 한두 곳 정도는 만들어 놓으십시오. 자녀들이 성장했을 때, 그 장소를 기억하며 찾아가는 추억을 선물로 주게 될 것입니다. 여러분들의 마음속에도 추억의 장소가 있지 않으신가요?

우리 가족만의 정신성을 기릴 수 있는 의식행사를 만드시는 것
도 아주 좋은 방법입니다. 예를 들어 성년의 날이나 가족의 생일,
크리스마스나 결혼기념일, 연말연시나 새해 첫 날 등등 우리 가족
과 관련된 행사 등을 함께 추억하는 겁니다. 매년 그 날을 기억하
며 가족과 함께하는 시간을 가질 수 있는 행사를 가지다보면, 어
느새 가족 간의 사랑과 소중한 순간이 탄탄하게 쌓여가기 시작하
리라 믿습니다.

자녀와의 추억이 담긴 배냇저고리, 탯줄, 빠진 이빨, 상장, 돌잡
이 물건 등 자녀와 관련된 물건에 의미를 부여하여 함께 기억하는
것도 좋은 방법입니다. 이 방법 역시 자녀들의 정신성을 기르고
정체성을 부여하는 데 아주 좋은 통로가 될 수 있거든요.

5. 내 아이가 '소중한 존재'임을 반드시 기억하시기 바랍니다.

내 아이는 부모의 소유물이 아닙니다. 소중한 한 존재로서 존중
받을 권리를 가지고 있습니다. 부모의 고집대로 부모가 원하는 방
향으로 아이를 이끌어가려고 하지 마시고 내 아이가 가지고 있는,
아니 아직 발견되지 못한 소중한 원석 그 자체를 발견하려고 노력

해 주세요. 더불어 감사의 언어로 칭찬을 해주시기 바랍니다. 긍정의 언어는 우리의 삶을 변화시키는 탁월한 힘을 발휘하게 하거든요. 자녀에게 긍정의 언어를 통해 구체적인 칭찬을 해줄 때 자녀들의 자존감은 훨씬 건강해질 것입니다.

광부들은 광산 지하에 묻혀 있는 석탄을 캐기 위해 이른 새벽 안전모에 달린 헤드라이트 하나만을 의지한 채 지하 땅 속 깊은 곳으로 내려갑니다. 왜 그 깊은 지하로 내려갈까요? 깊은 곳에 묻혀 있을 석탄을 채취하기 위해 내려가는 것이겠죠. 바로 광부의 모습처럼 우리 부모 역시 내 아이에게 숨겨져 있는 보석 같은 잠재적인 역량을 발견하기 위해 부단히 노력하고 기다려야 합니다.

인간은 보이지 않는 에너지에 더 많은 영향을 받는 영적인 존재이기에 자신이 소중한 존재임을 인정받을 때, 보이지 않던 것을 보게 되고 보이지 않는 힘을 믿게 됩니다. 그 어떤 약보다도, 치료보다도 훌륭한 처방전이 될 것입니다.

자녀의 온전한 성장과 가능성에 지속적인 사랑의 빛을 비춰주는 '에너자이저 부모 되기 5계명'을 통해서 가정이 회복되고 부모와 자녀 모두 건강한 성장을 하시기 바랍니다. 꼭 기억하십시오. 사랑의 힘이야말로 변화를 불러일으킬 수 있다는 사실을!

마지막으로 제가 연년생 두 아들을 키울 적, 부모 역할로 좌충우돌하며 많은 시행착오를 겪을 때마다 저를 위로해 주고 힘을 실어주었던 다이아나 루먼스의 시를 소개하고자 합니다. 이 시를 통해 동시대를 살아가는 부모님들이 자녀와의 관계를 다시 한 번 생각해 보시는 시간이 되길 바랍니다.

만일 내가
다시 아이를 키운다면

_ 다이아나 루먼스

만일 내가 다시 아이를 키운다면
먼저 아이의 자존심을 세워주고 집은 나중에 세우리라.
아이와 함께 손가락으로 그림을 더 많이 그리고
손가락으로 명령하는 일은 덜 하리라.
아이를 바로잡으려고 덜 노력하고
아이와 하나가 되려고 더 많이 노력하리라.
시계에서 눈을 떼고 눈으로 아이를 더 많이 바라보리라.
만일 내가 다시 아이를 키운다면
더 많이 아는 데 관심 갖지 않고
더 많이 관심 갖는 법을 배우리라.
자전거도 더 많이 타고 연도 더 많이 날리리라
들판을 더 많이 뛰어다니고 별들도 더 오래 바라보리라.
더 많이 껴안고 더 적게 다투리라
도토리 속의 떡갈나무를 더 자주 보리라.
덜 단호하고 더 많이 긍정하리라
힘을 사랑하는 사람으로 보이지 않고
사랑의 힘을 가진 사람으로 보이리라.

Chapter. **2**

내 학생에게 건네는
따뜻한 코코아 한잔

돌아보니, 지난 번 인터뷰의 핵심적인 내용은 결국 '코치님의 어머님'에 대한 이야기였던 것 같아요. 어머님에 대한 이야기를 통해 '코치님의 코치로서의 뿌리'가 선명하게 드러났거든요. 그리고 또 하나의 주된 이야기가 바로 '자녀들에 대한 부모의 마인드'였습니다.

오늘은 지난주 말씀하신 '사랑방의 처방전'에 대한 이야기를 나눠보고 싶네요. 그곳에서 만난 학생들 중에서, 코치님에게 깊은 인상을 주었던 학생에 대한 이야기를 듣고 싶어요. 설령, 실패담이어도 좋습니다.(웃음)

흠, 김병준(가명)이라는 학생이 떠오르네요. 그 학생을 처음 알게 된 시점은 가을쯤이었어요. 수능을 앞둔, 2학기 9월 즈음이었죠. 당시 병준이가 제가 근무하고 있는 상담실에 노크도 없이 불쑥 문을 열고 들어왔어요. 순간 어? 하며 당황했죠. 처음 보는 학생이었거든요.

보통 고3 학생들은 상담실에 잘 안 오는 편이이에요. 누군지 물어봤죠. "고등학교 3학년 김병준이에요." 하더라고요. 사정을 들어보니 학교 안에서 왔다 갔다 하다가 어찌 할 줄 몰라서 방황하다가, 학교 1층 상담실에 불이 켜져 있길래 들어왔다는 거예요. 그런데 그 모습이 몹시 불안해 보였어요. 처음 만났지만 직감적으로 느껴졌죠. "병준이라고 했니? 잠깐만 기다려봐, 선생님이 코코아 한 잔 타줄게." 병준이한테 먼저 따뜻한 코코아를 한 잔 타주었어요.

그 당시 저는 평일 낮 12시 이후부터 저녁 8시까지 근무하는 조건으로 상담실에서 학생들을 만났어요. 일반계 고등학교다보니 오전에는 학생들이 수업을 빠지지 않는 것을 원칙으로 하고 있었거든요. 상담은 제가 출근하는 낮 12시 이후부터 진행할 수 있었죠. 일단 병준이를 안정시키고 코코아를 타주며 왜 자습을 안 하고 왔다 갔다 했는지 물어봤어요. 당시 병준이가 한 말을 그대로 옮기자면 이래요. "선생님, 제가 고3이잖아요. 3월부터 공부 안 했던 애들도 수능이 다가오니까 공부를 하고 책이라도 붙잡고 보는데… 그리고 공부가 잘 안 되는 애들은 엎드려져 자거나 책을 보거나 만화책을 보거나 뭐라도 하는데, 저는 정말 뭘 할 줄 모르겠어요." 병준이를 보니 무엇을 어떻게 해야 할 줄 몰라 스스로에 게 화가 많이 난 상태 같았어요. 당시 학교 중앙계단과 복도를 오 르락내리락하며 서성거렸나 봐요. 불안한 마음에 교실에 있지 못 하고 학교 안과 밖을 서성거리고 있었을 병준이를 생각하니 안쓰 러운 마음이 들어 '이 학생의 마음을 오롯이 들어주어야겠구나!' 싶었죠. 함께 따뜻한 코코아를 마시며 대화를 이어갔습니다. "그 랬구나, 그랬구나, 잘했어"라며 병준이에게 따뜻한 시선으로 반 응해주었죠.

이 날 이후로 병준이와 지속적인 개인 상담이 시작됐어요. 사실 10회기 정도로 예상하고 상담을 진행했는데, 결과적으로는 수능 시험을 보고 겨울방학을 하기 전까지 상담이 이어졌죠. 공부가 안 되고 어찌 할 바를 몰라 상담실에 왔지만, 상담을 막상 시작해보 니 병준이 마음의 근원적인 문제를 발견했어요. 그래서 공부보다 는 자신감을 심어주는 게 먼저라고 생각했죠. 상담을 하다보면 자 신에 대한 오픈을 하게 되잖아요. 부모님 이야기도 듣게 됐고, 가 정적으로 깊은 아픔이 있다는 걸 알게 됐죠.

겉으로 봤을 땐 누가 봐도 '엄친아'처럼 보이는 친구였거든요. 하지만 사정을 들어보니 부모님의 이혼 때문에 중학교 때부터 방 황하기 시작한 친구였어요. 자연스럽게 자신은 혼자라는 자괴감 에 빠지게 되었고 술과 담배를 접하게 됐죠. 그러면서 학교생활과 학업에는 관심이 멀어지게 된 것 같았어요.

결국, 병준이는 대학 진학을 하진 않았어요. 하지만 졸업 후 군
대를 다녀와서 자기가 좋아하는 일을 찾아 대학교에 입학을 했죠.
지금은 어엿한 직장인이 돼서 열심히 일하고 있고요.

스토리가 참 좋습니다… 한편으로 든 생각은, 병준이가 방황하
다가 불 켜진 상담실을 보고 들어왔을 때, 코치님의 어떠한 느낌
을 보고 마음을 열었을까요? 코치님의 시선이 따뜻했을 수도 있
고요.

병준이가 처음 노크도 없이 불쑥 문을 열고 들어왔을 때, 예의
가 없다는 이유로 제가 "다시 들어와, 노크해" 그럴 수도 있었겠
죠. 그러나 병준이가 상담실에 들어왔을 때 표정으로 느낄 수 있
었거든요. '얘가 지금 불안하구나, 뭔가 쫓기면서 왔구나.' 먼저 병
준이가 안정을 취하도록 노력했어요. 아마도 제가 자기를 혼내지
않고 편안하게 있는 그대로를 바라봐줬다는 점에서 저를 신뢰하
고 마음을 열지 않았을까 싶어요. 그리고 하나 더 이야기하자면,
정성스럽게 대접한 코코아? (웃음)

코치님이 지난번 인터뷰 때 "자녀를 있는 그대로 바라봐주라"고 하셨잖아요. 그 이야기와 방금 나눈 이야기를 종합해보면, 타인을 향한 코치님의 시선 같은 것이 느껴집니다. 존재를 바라볼 때 있는 그대로 바라봐주는 것, 이것이 코치님의 중요한 포인트 같아요.

예, 사람 그 자체를 보는 거죠. '내가 보는 상황'과 '그 아이가 보는 상황'이 다를 수 있잖아요. 내 관점으로 바라보면 무례하고 혼낼 상황일 수도 있어요. 하지만 그 아이 입장에서 바라보면 '혼날 상황'이 아니라 '힘든 상황'이잖아요. 아마 오랜만에 느껴본 따뜻한 시선과 감정, 그리고 엄마 같은 느낌. 그런 느낌을 받지 않았을까 싶어요.

코치님은 누군가의 마음을 잘 읽으시는 듯해요. 방금 말씀하신 부분을 좀 더 자세히 풀어 설명해주시면 좋겠습니다.

"예, 사람 그 자체를 보는 거죠.
'내가 보는 상황'과 '그 아이가 보는 상황'이 다를 수 있잖아요.
내 관점으로 바라보면 무례하고 혼낼 상황일 수도 있어요.
하지만 그 아이 입장에서 바라보면
'혼날 상황'이 아니라 '힘든 상황'이잖아요.
아마 오랜만에 느껴본 따뜻한 시선과 감정,
그리고 엄마 같은 느낌. 그런 느낌을 받지 않았을까 싶어요."

예, 저는 상대방의 표정이나, 비언어적인 행동 혹은 모습 등을 보면 직감적으로 힘들구나, 기분 좋구나, 무언가 말할 게 있구나, 뭔가 도움을 청할 게 있구나, 화가 났구나, 그런 것들이 읽혀져요.

평소에 지인들의 카카오톡 상태 메시지나 사진도 자주 살피는 편이거든요. 대부분 사람들의 감정이나 마음이 상태 메시지에 담겨 있으니까요. 혹시나 '나 힘들어…' 하는 것 같은 사람에게는 "선생님, 요새 잘 지내?"라는 메시지를 보내요. 그러면, "나 요새 많이 힘들었는데 변향미 쌤 고마워" 이런 메시지가 오고 갑니다. 그건 제가 가지고 있는 장점 같아요. 다른 사람들은 그냥 지나칠 수도 있겠지만, 저는 그냥 지나치지 않고 관심을 갖고 안부를 물어보거든요. 이러한 타인을 향한 관심은 누군가 억지로 시켜서 되는 것도 아니고, 상대방에게 관심을 얻거나 잘 보이기 위한 일은 더더욱 아니에요. 제가 봐도 저 자신이 신기하거든요. 바쁜 하루하루 속에서 강의하기도 숨 막힐 정도로 바쁜데, 틈틈이 주변 사람을 챙기고 싶은 마음이 계속 생기니까요. 아마도 제가 이 땅에서의 소임을 마치는 날 이러한 살핌의 행동은 멈추겠지만, 살아 있는 동안 저와 연결된 분들과는 좋은 관계를 꾸준히 연결하고 싶은 마음이 커요.

한편으로, 상대방이 나의 감정을 너무 잘 포착하면 불편할 수도 있잖아요. 그런데 코치님은 예민한 느낌 같은 게 전혀 없어요. 유쾌하고 밝은 느낌 속에서의 섬세함이랄까요.

예, 가령 그런 게 느껴진다고 해서 제가 먼저 말하진 않아요.

그게 중요한 포인트일 수 있겠네요.

기다려주는 거죠. 상대방이 가장 말하고 싶을 때 들어주는 것. 말하지도 않는데 먼저 넌지시 물어보거나 어림짐작해서 물어보진 않아요. 보통, 이야기를 정말 하고 싶으면 상대방이 먼저 이야기를 하거든요. 누군가의 상태 메시지를 볼 때는 그냥 궁금하니까 근황을 물어보는 거예요. "아, 그랬구나… 힘들었겠다. 잘 버텼어. 우리 다음 주에 한 번 만날까?" 이렇게 이야기를 주고받는 거죠. 균형, 한 마디로 적당한 거리를 유지하고 절제하는 것이 중요하겠죠.

지금 말씀하신 절제가, 단순히 "이 사람 진짜 오지랖이 넓어"와 "코치로서의 자질"을 가르는 기준이 될 수 있겠네요.

예, 전 사실 오지랖이 넓은 편은 아니에요. 다만 '한 사람을 향한 존중과 사랑에너지가 작동하는 것' 같아요. 그러나 그 사랑에너지 또한 때로는 아주 냉철하게 작동시키죠.

예, 그게 건강한 사랑 같아요. 단순히 누군가에게 희생하고, 자꾸만 나 자신을 누군가에게 퍼주고 있다는 느낌이 있다면 그건 사실상 '자기를 위한 사랑'이거든요. 결국 누군가를 기다림 속에서 돕고자 하는 것이 좋은 코치로서의 중요한 자질이겠네요.

예, 맞아요. 코치는 명령하거나 이끄는 사람은 아니에요. 높은 위치에서 '아래 위치에 있는 너'를 이끄는 게 아니라, 때론 내가 있던 자리에서도 내려와서 함께 갈 수 있는 것. 그것이 코치의 역할이 아닐까 싶어요. 실제로 수직적인 관계보다 수평 관계를 좋아하거든요. 아, 그리고 제가 상담실 교사로 활동할 때 경험한 것들을 더 이야기하고 싶네요.(웃음)

예, 듣고 싶습니다.

아까 말한 병준이 이야기가 한 개인에 대한 사례였다면 이번엔 동아리 이야기를 하고 싶어요. 제가 당시 근무했던 학교의 경우 상담실이 아직 활발하게 자리 잡지 못했던 상황이었어요. 그런데 지난번 인터뷰 때 말한 것처럼 제가 일을 만들어가는 스타일이 잖아요. 저는 일하면서 재미와 의미를 추구하고 싶었어요. 그래서 아이들과 동아리를 만들어서 학교 내에 캠페인 활동을 만들었죠. 가령 학교 폭력 예방 주간이면, 학교 폭력 예방 관련 플래카드 같은 걸 만들어서 등하교 시간을 이용해 학교 정문에서 동아리 학생들과 함께 학교폭력예방 캠페인을 실시했어요.

또 '애플 데이'라는 것도 만들었죠. 이른바 '사과 데이'로 선생님이나 가족 또는 친구에게 미안한 마음을 전달할 수 있는 행사를 기획해서 진행했거든요. 미안한 마음을 표현하고 사과를 통해 용서를 구하고 싶다면 편지를 쓰고 그것을 진짜 사과와 함께 포장해서 전달하는 거죠. 그게 당시 여러 학교에서 활성화됐어요. 2010년도만 해도 그런 게 별로 없었거든요. 가령, 선생님들한테 "10월에 '애플 데이'를 실시하는데 대상은 부모님들이나 선생님이나 친구들입니다. 상담실에 편지지가 있으니 편지를 써오면 사과를 주고 전할 수 있도록 하겠습니다" 이렇게 공지하는 거예요. 인증샷을 찍어오면 선물도 주고요. 사제지간, 그리고 친구들 간에 폭력을 줄이는 캠페인이 됐죠. 학생들이 특히 좋아했어요. 학교 교실 안 친구들 간의 분위기를 행복하게 만들어갈 수 있는 계기가 됐

죠. 이게 그래도 꽤 칭찬 받은 프로그램이랍니다.(웃음)

와우, 사실 행사는 그야말로 행사로 끝나버릴 때가 많은데, 실질적인 열매를 맺은 행사였군요. 그럼, 애플 데이는 어떻게 기획하게 되신 건가요?

당시 상담사들 간의 네트워킹이 있었어요. 인터넷 카페를 통한 정보공유의 장이었죠. 저는 카페를 통해 각종 좋은 정보와 상담에 관련된 정보를 자주 탐색하는 편이거든요. 그러면서 '우리 학교에서는 뭘 하면 좋을까' 계획을 세워가요. 가령 3월에는 새 학기와 관련된 학교 응집력 프로그램을 개설하고, 4월에는 또래 상담부를 만들어서 프로그램을 활성화하고, 5월은 가정의 달이니 엄마 아빠와 함께 하는 주간을 만들어서 무언가를 실천하면 선물도 주고. 6월은 호국보훈의 달이니 '호국보훈'과 관련한 프로그램을 만들어보는 거죠. 그렇게 월마다 계획을 세웠어요. 계획한 대로 실행이 된 것도 있었고 예산이 부족해서 실행조차 하지 못하고 계획에만 머물렀던 것도 있어요. 그래도 담당 부장님의 협력과 배려를 통해 학생들의 심리와 정서적인 지원을 하는 데 있어서는 정말 최선을 다해 근무했다고 자부할 수 있어요. 지금도 당시 진행했던 사진들을 가끔씩 보면 입 꼬리가 쓰윽 올라가죠.

애플 데이 행사 같은 경우는 상담사들이 모여 있는 인터넷 카페에서 정보를 보고 나서 학교에 바로 적용해서 10월이 됐을 때 실시하게 된 케이스예요. 학교에서 애플데이를 실시하고 나서 프로그램 진행 계획서와 진행 방법, 사진 등등이 담긴 기획서를 그 카페에 올리니 전국의 선생님들이 검색하시고 나서 궁금한 점은 댓글을 달아주시기도 하며 굉장히 좋아하더라고요. 카페에 궁금한 사항을 질문하시는 분들께는 도움을 드리고 싶어 제가 진행한 내용들을 토대로 일일이 답변을 달아드리기도 했어요. 그 분들 입장에서도 '할 수 있다'라는 생각이 든 거죠. 이게 사실 예산이 많이 드는 것도 아니거든요. 사과 한두 박스면 충분해요. 그리고 재밌잖아요. '애플 데이'를 통해, 학생과 교사가 함께 행복하게 웃을 수 있는 기회를 만든 셈이죠.

그래도 기획서를 만들 때 귀찮지 않으셨어요?

아니요, 저는 행복했어요. 하나하나 기획서가 틀을 갖추고 실제로 실행이 될 때, 정말 행복했거든요.

사실 대부분의 사람들이 "귀찮다"는 말들을 입에 달고 사는 편이잖아요. 코치님을 보면 '귀찮다'라는 키워드 자체가 삶에 없는 느낌이에요. 보통 의미가 있더라도 계획서를 쓰는 게 귀찮아서 포기하는 경우가 많거든요. 코치님은 귀찮아하기보다는, '의미를 만들어내고 행복을 만들어내기 위해' 이 정도는 충분히 감수하시는 듯싶어요. 냉정히 말해 과정을 즐기는 건 정말 쉽지 않잖아요.

실제로 잘 되건 잘 되지 않건, 직접 프로그램을 구성해서 진행을 해봐야 비로소 내 것이 되잖아요. 남의 것을 그대로 쓰면 남의 것이 되고요. 마치 남의 옷을 입은 것처럼요. 내가 직접 구성해서 시도해봤을 때 실제로 잘 들어맞으면 기분이 참 좋아요. 거기서 조금 더 보완해서 새롭게 또 시도해보기도 하고… 의미 있는 기획을 만들고, 거기서 오는 피드백을 토대로 보완해서 한 번 더 시도해보고, 이런 과정 자체가 저에게는 '큰 즐거움'인 셈이에요.

오늘 인터뷰의 시작은 '학생 코칭'이었지만, 자연스럽게 '일을 대하는 코치님의 자세'에 대한 이야기로 이어지는 느낌이네요.

마지막 질문을 드리고 싶습니다. 코치님 앞에 수식어를 붙이자면, 무엇을 붙일 수 있을까요? 가령 따뜻한 코치, 재미있는 코치 등등 여러 가지 수식어가 가능하겠죠.

며칠 전 작가님이 저에게 '명품코치'라고 불러주었을 때 기분이 정말 좋았어요. 명품이란 건 정말 귀하잖아요. 사실 아직은 제가 '명품코치'라고까진 생각하지 않지만요. 되게 좋은 의미인데, 명품 코치가 되기 위해선 더 노력해야겠죠.

그렇다면 내가 '재미있는 코치'인가? 그건 아닌 것 같아요. 저는 재밌는 코치보단 재미를 추구하는 코치라고 보는 게 적절할 것 같아요. 사람들이 저랑 있으면 재미있다고 하더군요.(웃음)

주변 선생님들에게 가장 자주 듣는 단어는 '열정'이에요. 제가 항상 열정적이래요. 열정적이다, 긍정적이다, 언어의 마술사다, 그런 이야기를 자주 들어요. 저의 아버지는 어릴 때부터 저에게 "변호사"라고 하셨어요. 우리 딸내미는 말을 잘 한대요. 지금도 저에게 불러주시는 애칭은 '변호사'에요. 어떻게 저렇게 말을 잘 하냐고…

파커 J. 파머가 쓴 〈가르칠 수 있는 용기〉를 보면 "좋은 교사가 되려면, 그 교사의 정체성으로부터 가르침이 나와야 한다"라는 이야기가 등장해요. 결국, 교사 본연의 캐릭터에서 비롯된 가르침이어야 진짜 가르침이 될 수 있다는 거죠. 그런 의미에서 코치님은, '변향미'라는 존재 자체가 브랜드 같아 보여요. 머리로 그리는 어떤 이상적인 코치를 설정하고 그것이 되기 위해 애쓰시는 느낌이 아니라, 코치님 본연의 캐릭터에서 나온 코칭을 하시는 느낌이랄까요.

"변향미 자체가 하나의 브랜드다"라는 말은, 저로선 정말 행복한 말이네요.

그렇다면 역으로, 제가 코치님에게 수식어를 붙여볼게요. '자연스러운' 코치, 어떠신가요? 코치님을 보면 삶에서의 모습과 코치로서의 모습이 같은 선상에서 흘러가는 느낌이거든요. 또 하나 수식어를 붙여보자면 '한 사람 안에 있는 밝은 것을 끌어내는' 코치 같아요. 사실 누구나 자기 안에 밝고 긍정적인 면들이 있잖아요. 그것들이 흘러나오게 만드는 코치인 셈이죠. 어떤 사람을 만나면 내 안의 쓴 뿌리와 상처만 자꾸 나오기도 하죠. 그런데 코치님은 내 안의 밝음, 진짜 밝은 부분을 발산하게 만드는 능력이 있어요. 제 이야기가 맞나요?(웃음)

맞다 틀리다를 제 입으로 말하긴 좀 그렇고, 아무튼 감사합니다.(웃음)

"실제로 잘 되건 잘 되지 않건, 직접 프로그램을
구성해서 진행을 해봐야 비로소 내 것이 되잖아요.
남의 것을 그대로 쓰면 남의 것이 되고요.
마치 남의 옷을 입은 것처럼요.
내가 직접 구성해서 시도해봤을 때
실제로 잘 들어맞으면 기분이 참 좋아요.
거기서 조금 더 보완해서 새롭게 또 시도해보기도 하고⋯
의미 있는 기획을 만들고, 거기서 오는 피드백을
토대로 보완해서 한 번 더 시도해보고,
이런 과정 자체가 저에게는 '큰 즐거움'인 셈이에요."

**청소년 코칭 현장에서
인기 있는 강사가
되고 싶은 분들에게
드리는 처방전**

1. 제일 먼저, 힘을 빼는 거예요.

'꼰대'라는 말을 들어보셨죠? '꼰대'란 자신의 사고나 행동방식을 다른 사람에게 강요하는 사람을 빗대어 부르는 은어입니다. 나이와 상관없이 누구나 꼰대가 될 수 있지만 나이가 들수록 꼰대가될 확률이 높아지는 것 같아요.

"힘을 빼라"고 할 때 그 힘이라는 것은 '내가 어른이니까, 내가 더 많이 배웠으니까, 더 많이 알고 있으니까 등등 가르치려고 하는 권위적인 모습'이에요. 요즘 우리 학생들은 대단히 영리하고 어쩌면 어른 세대보다 특정 분야에 대해서는 더 많이 알고 있을 수 있습니다. 그러니 때론 긴장도 하셔야 합니다. 호흡을 가다듬고 힘을 빼는 훈련을 많이 하세요. 그럴 때 자연스럽게 다가갈 수 있을 거예요. 이럴 때 학생이란 존재가 부담스럽지 않고 예쁘고 사랑스러울 거예요.

저는 청소년 코칭 현장에서 코칭이나 강의를 진행한 후 매번 강의 평가와 설문지를 받는데요. 청소년들은 비교적 솔직히 평가하는 편입니다. 피드백 중 "강사 선생님이 친절하시고 내용이 쉽게 이해되도록 설명해 주셨다"는 내용이 제일 자주 나와요. 아마도 요즘 청소년들에겐 저의 친절함이 신선하게 다가오는 듯합니다. '친절요정'까지는 아니더라고 '친절한 변쌤'이라 불리기엔 손색이 없을 거예요.

각자에게 가장 어울리는 친절한 강사님의 모습을 만들기 위해 노력해 보시길 권해드립니다. 물론, '힘'을 빼는 게 중요해요.

2. 다음 세대의 빠른 변화에 준비하셔야 해요.

예를 들어 신조어라든가, 유행어, 핫한 아이템, 굿즈 등등 청소년들 사이에서 빠르게 변화하고 확산되는 흐름에 준비하세요. 학생들 대상의 강의나 코칭을 하면서도 청소년에 대한 관심과 사랑이 없다면 청소년, 대학생들과 소통하기 어려울 겁니다. 청소년들이 좋아하는 1인 유튜버나 게임 등과 관련된 것들도 적극적으로 공부하셔야 해요. 모르면 물어도 보세요. 정확한 정보를 얻기 위해선 직접 물어보시는 것이 가장 효과적일 수 있으니까요.

3. 섣부른 판단과 조언은 하지 마세요.

충분히 들어주고 이해하기까지는 조언하지 마세요. 조언하기 전에 스스로에게 먼저 질문을 해 보세요. 이 조언이 상대방을 위한 최선의 조언인지 말이죠. 누군가에게 조언을 통해 도움을 주고 싶다면 먼저 자신을 잘 들여다보는 내적인 성찰이 필요하다는 말씀을 드리고 싶습니다. 상대방을 위한다는 명목 하에 자신이 하고 싶은 말을 하고 있는지도 모르거든요. 섣부른 판단은, 원하지 않는 상처를 주는 실수로 이어질 수도 있고요.

물론, 어른의 눈높이에서 볼 때 심각하게 어긋난 행동을 하는 학생들도 가끔 있습니다. 그러나 그러한 태도를 갖게 된 이유 중 하나는 어쩌면 어른들의 잘못으로 인한 영향일 수 있잖아요. 꽤 많은 학생들은 가족환경이나 성적, 진로, 그리고 진학과 관련되어 많은 갈등 속에서 힘들게 버텨내고 있습니다. 이런 상황을 헤아리며 학생들의 입장에서 진심을 담아 이해해 주세요. 단 한 번의 진심어린 이해가 한 사람을 변화시킬 수 있거든요.

그 변화는 말로만 표현되는 것이 아니죠. 말만이 아닌 다른 방법, 즉 공감에서 비롯됩니다.

4. 말보다는 행동으로 보여주세요.

여러분을 만난 학생이 강의나 코칭으로 변화되기를 진정으로 바라시나요? 그렇다면 말보다는 행동으로 보여주는 것이 훨씬 효과적입니다. 인간은 시각적 동물이기 때문에 들은 것보다는 직접 본 것에 더 큰 영향을 받거든요. 히딩크 감독 이야기를 하고 싶습니다.

역대 대한민국 축구 역사에서 가장 뛰어난 성과를 얻게 된 2002년 한·일 월드컵에서 우리나라 선수들은 4강 진출을 이뤘죠. 모든 선수들이 최선을 다했지만, 역시나 히딩크 감독의 영향력은 지대했습니다. 당시 히딩크 감독은 말로만 선수들을 지도하는 게 아니라 풍성한 스킨십으로 직접 선수들을 격려하고 지도하며 솔선수범의 리더십을 현장에서 보여주었습니다. 당시 국가대표 선수들에게 히딩크 감독의 모습은 무척이나 신선했을 겁니다. 실제로 선수들은 무언가에 매료된 듯 치열하게 훈련과 연습에 집중했죠. 결과는, 월드컵 4강이었습니다.

5. 실수했을 때 솔직하게 인정하세요.

가끔은 노련한 코치나 강사도 실수할 때가 있잖아요. 그렇다면 곧바로 실수를 인정하세요. 서툰 변명이나 핑계로 실수를 모면하려는 모습은 보기 좋지 않거든요. 실수했다면 솔직하게 사과하시기 바랍니다. 그리고 환한 미소로 웃어주세요. 환한 미소로 웃는 것은 상대방과 긍정적인 의사소통을 이루는 데 큰 부분을 차지하거든요. 진심을 담은 미소와 웃음은 세로토닌 serotonin 이란 신경 전달 물질을 만들어냅니다. 중요한 건 나뿐 아니라 나를 바라보는 상대방의 뇌에서도 세로토닌 serotonin 을 공급한다는 겁니다. 상대방에게 미소를 지을 때 나와 상대방에게서 행복을 만드는 호르몬이 분비된다니, 놀랍지 않나요.

실수하면, 솔직히 인정하고, 환하게 웃어주는 것, 기억해주세요!

소설가 이외수가 쓴 〈하악하악〉이란 책에 등장하는 한 대목을
인용해 봅니다.

멋진 사람이 되지 말고
따뜻한 사람이 되세요.
멋진 사람은 눈을 즐겁게 하지만
따뜻한 사람은 마음을 데워줍니다.

잘난 사람이 되지 말고
진실한 사람이 되세요.
잘난 사람은 피하고 싶어지지만
진실한 사람은 곁에 두고 싶어집니다.

대단한 사람이 되지 말고
좋은 사람이 되세요.
대단한 사람은 부담을 주지만
좋은 사람은 행복을 줍니다.

여러분은 학생들에게 어떤 사람이 되고 싶으신가요?
그리고 어떤 사람이 학생들을 행복하게 해줄 수 있을까요?

Chapter. **3**

토닥토닥,
함께 가는 부부

코치님, 오늘은 '부부 코칭'에 대해서 한 번 얘기해보고 싶습니다. 코치님이 부부 코칭을 처음 시작했던 시점, 그리고 부부 코칭을 하면서 느끼셨던 부분에 대해 듣고 싶네요.

예, 부부 코칭을 처음부터 한 건 아니었어요. 여러 기관에서 부모 교육을 하다 보니 대부분 엄마들을 대상으로 강의를 하게 됐죠. 강의를 지속적으로 하다 보니 그것이 아버지 대상의 교육으로 확대되어 자연스럽게 아버지 교육도 진행하게 됐어요. 아버지 교육을 하다 보니, 그게 또 자연스럽게 부부 집단프로그램 교육 의뢰로 이어졌고요. 결국 기관의 상황에 따라 4, 6, 8회기 정도의 집단 부부 상담을 진행하게 됐죠.

보통 부부로서의 삶은 우리들에게 선물같이 주어지잖아요. 하지만 사실 그 안에는 우리의 희로애락이 다 담겨 있어요. 그러다 보니 부부간의 대화가 줄어들고 서로를 향한 관심도 떨어지게 되고, 아이들 교육에 대해서도 서로 "니 탓이니 내 탓이니" 하는 경우가 많아지곤 하죠. 이게 결국 부부간의 갈등으로 이어지고요.

전반적인 생애 발달 주기란 게 있잖아요. 그 중에서도 성인기에 접어드는 중년기와 노년기를 맞이하며 '어떻게 부부로서 준비해야 할까, 내가 가진 현재 모습이 무엇일까, 또한 상대방이 보는 나와 나 자신이 보는 내가 어떻게 일치하고 다를까' 그런 것들을 하나하나 알아가며 실타래를 풀어가듯 프로그램을 진행해요. 이론 중심으로 풀어가는 것이 아니라 다양한 활동이나 매체를 통해 끌어가는 거죠. 성격유형검사도 요긴하게 사용합니다. 가령, '우리 남편은 이러이러한 유형이구나' '우리 아내는 이러이러한 유형이구나' '상대방의 저러한 모습에 내가 화가 난 거였구나.' 등등을 함께 알아가는 거죠. 나를 이해하게 되면 상대방을 이해하는 관점이 넓어지잖아요. 보통 아내가 참가 신청을 하고 남편은 억지로 끌려나오는 경우가 많아요. 하지만 회기가 거듭될수록 남편들의 참여가 꾸준히 늘어나곤 하죠.

그럼, 다른 영역의 코칭과는 구분되는 '부부코칭만의 분위기' 같은 게 있나요?

그렇죠. 부부코칭의 경우 부부 서로간의 존중을 심어주려고 애써요. 그리고 상대방에 대한 감정, 예전의 따스했던 감정들, 연애했을 때 감정들을 다시 회복할 수 있도록 돕죠.

연애했을 때의 감정이라면, 아주 예전 감정이겠네요.(웃음)

예, 그런 감정들을 자꾸 떠올리게 하고, 프로그램의 구조화를 통해 그러한 감정들을 연결시키는 거예요. 음악 하나를 들어도 밝고 사랑스러운 노래로 분위기 자체를 달콤하게 만드는 거죠. 적절한 동영상을 선택해서 영상을 보여주며 질문을 끌어내기도 하고요. 내 안에 있었지만 덮여 있던, 그런 감정들을 촉진시키는 거예요.

저는 연애할 때 자주 듣던 노래가 로이킴의 〈봄봄봄〉이었거든요. 신기하게도 그 노래만 들으면 지금도 예전 그 감정이 살아나더라고요.

하지만 현실적으론 부부관계가 오래될수록 애틋했던 감정을 상기시킨다는 게 쉽지 않겠죠. 부부 코칭에 오신 부부들의 감정을 터치할 때 반응들은 어떤 편인가요?

표현을 적극적으로 하는 부부도 있고 잘 못하는 부부도 있어요. 그래서 회기마다 활동을 다양하게 준비하죠. 어떤 사람은 강의장에 왔을 때 '말하는 게' 편할 수 있고 어떤 사람은 '무언가를 만들어내면서 표현하는 걸 편하게' 느낄 수 있어요. 어떤 사람은 '몸으로 표현하는 걸' 좋아할 수 있고요. 프로그램을 기획할 때 방금 말한 방법들을 잘 조화시켜서 만들어갑니다.

가령, 아내에게 따뜻한 말을 하는 건 어려워하지만 글로 표현하거나 작품을 통해 표현하는 걸 잘 하는 남편이 있었어요. 그분의 경우 원예치료 프로그램을 진행할 때 화분을 근사하게 만들어서 부인에게 선물해주었죠. 그럴 때 아내의 입장에선 남편이 정성을 다해 만들어준 화분을 통해 '아, 남편이 나를 사랑하는구나. 존중하고 있구나'를 느끼게 되는 거죠. 이렇게 다양한 활동중심의 프로그램을 통해서 '서로의 다름'도 인정하게 되고 서로를 깊이 이해하게 됩니다.

그야말로 맞춤형이군요.

그렇죠, 안 맞출 수가 없어요. 부부코칭을 가보면 저보다 나이 어린 분들이 많아요. 그 분들의 눈높이를 맞추려면 거기에 상응하는, 가령 만들기라든지, 그들에게 맞는 프로그램을 진행해야 하죠. 직장생활을 해본 분들의 경우 그들이 늘 하던 걸 진행하면 식상할 수 있으니 참신한 프로그램을 기획해내야 해요. 만날 하던 걸 강사가 또 시키면 정말 하기 싫거든요. 프로그램의 심리적인 안정감을 형성하기 위해 이미지카드로 부드럽게 강의의 문을 열기도 해요. '아, 저게 내 감정 같아!' 싶은 카드를 집도록 하는 거죠. 그리고 말하기 싫은 경우는 억지로 시키지 않아요.

또 하나 덧붙이자면, 저는 강의 전에 항상 울타리를 쳐요. "오늘은 이런 걸 할 건데, 혹시 그것이 불편하거나 어려우신 분들은 저에게 손을 들어주거나 표현해주시면 좋겠다." 그렇게 미리 이야기하는 거죠. 일단 강의하기 전에 모든 환경을 편안하게 만들어주려고 노력합니다. 참여하는 분들은 거기서 마음이 열리거든요. 내가 오늘 좀 못해도 괜찮겠구나, 특히 학생들의 경우 내가 오늘 엎드러져 있어도 괜찮겠구나, 그런 편안함을 줘야 해요. 그렇게 하면 애들도 안 졸아요. 내가 애들을 존중해주니까 애들도 나를 존중해주거든요. 그건 어른들도 마찬가지인 것 같아요. 남녀노소 다 내가 상대방을 존중해주면, 그들도 나를 존중해주는 거죠.

저는 초등학교 4-6학년 대상의 강의 초청이 들어와서 출강해도 아이들에게 절대 반말하지 않아요. "어머? 그랬어요?" 그렇게 존댓말을 쓰죠. 그러면 아이들도 "선생님, 저 발표해도 될까요?" 그렇게 반응을 해요. 학생들 수업을 참관하신 담임선생님은 수업 후 놀라서 저한테 말하죠. "선생님, 우리 애들이 존댓말 쓰는 애들이 아니에요. 그런데 오늘 존댓말 쓰는 거 보고 깜짝 놀랐어요." 그럴 땐, "그것이 교육의 힘이에요. 선생님도 한 번 시도해 보세요. 애들에겐 놀라운 힘이 있습니다"라고 이야기해드리죠. 사실 이유는 간단해요. 존중은 자연스럽게 배려의 행동으로 나타나게 되는데 다른 사람을 배려하게 되면 그 배려의 잔잔한 여운이 내 몸에 보이지 않게 배이게 되거든요. 우리 눈에 때로는 잘 보이지 않지만 아이들은 자라고 있잖아요. 그래서 교사는 그 부분을 "잘하고 있다"고 인정해 주시면 되는 거예요.

와우, 좋네요. 동시에 궁금한 게 하나 떠올랐습니다. 부모코칭을 할 때는 지향점이 '자기 자녀를 존재 그대로 바라봐주는 것'이잖아요. 그렇다면 부부 코칭의 지향점은 무엇인가요?

건강한 부부, 함께 가는 부부, 함께 바라보는 부부. 여기에 부부 코칭의 지향점이 있어요. 서로가 가진 것에 대해서 비교하거나, 니가 잘 했냐 잘 못 했냐를 따지는 게 아니라, 한 시대를 함께 살아왔으니 서로를 소중히 여기는 마음을 갖게 하는 거죠.

저 같은 경우는 지금의 신랑을 엄청 좋아해서 만났다기보다는 남편이 저를 일방적으로 좋아해 주었던, 그리고 부모님께서 남편을 너무 좋아하다보니 자연스럽게 결혼까지 하게 된 케이스에요. 결혼하고 신혼 때는 별 것 아닌 일로 충돌하고 감정적으로 속상해서 서로 불편한 속마음을 그대로 표현했던 적도 있죠. 하지만 세월이 지나고 20년 이상 부부로 살아보니 지금의 배우자가 내게는 둘도 없이 좋은 배우자라는 것을 깨닫게 돼요. 이것을 깨닫기까지 20년이 걸린 셈이죠.

사실 서로 사랑하고 행복해서 한 결혼이지만 결혼은 현실이잖아요. 그러니, 우리 서로 같은 사람이고 연약한 사람이니 서로 토닥토닥 하면서 살아가자, 같이 가자, 함께 가자, 그런 메시지를 부부들에게 던지는 거예요.

포인트는 '함께' 네요?

예, 엄마이기 전에 아빠이기 전에 아내이기 전에 남편이기 전에, 사람 대 사람으로, 인간 대 인간으로 바라보고 존중해주고, 함께 가자. 그럴 때 아이들 문제도 잘 해결되고, 본인들의 삶도 풀릴 수 있잖아요. 누군가 나를 위해서 지지해주고 격려해주는 것만으로도 힘이 나지 않을까요? 그러한 지지자와 격려자가 바로 나의 배우자여야 하는 거죠.

방금 말씀하신 것처럼, 어떠한 타이틀을 벗어던지고 단지 한 사람으로서 서로를 이해해줄 수 있도록 돕는 프로그램이 부부코칭인 거네요.

그리고 방금 제가 좋아하는 단어가 하나 등장했는데요. 바로 '존중'이라는 단어입니다. 조금 전 말씀하실 때, 부부코칭 시 '존중'이라는 부분을 강조하신다고 했잖아요. 존중이란 키워드는, 코치님한테 매우 중요한 키워드로 보여요. 지난 인터뷰 때 이야기 나눈 '행복'이란 키워드 못지않게 말이죠. 그렇다면, 코치님이 정의하는 '존중'은 무엇인가요?

상대방을 높여주고, 당신이 중요한 사람이다, 라는 것을 알려주는 거죠. 존재만으로도 중요한, 그러기 때문에 내가 함부로 하면 안 되는, 존귀하게 여겨주고, 중요하게 여기고, 가치 있게 여기는 것. 그것이 존중 아닐까요?

한 사람이 존재 그 자체로 굉장히 귀하다는 걸 충분히 인정해 준다는 것이군요.

예, 그렇죠.

또 한 가지 궁금한 게 있습니다. 부부코칭을 포함해 코치님은 다양한 연령대의 사람들을 코칭하잖아요. 그들의 마음을 열려고 할 때, 마음을 여는 '노하우' 같은 게 있을까요?

겉으로 표현되는 언어도 있지만, 비언어적인 것이 더 중요하다고 생각해요. 편안하게 다가가주는 거죠. 저 같은 경우 "인상이 편안하다"는 말을 종종 들어요. 듣기 싫은 목소리를 가진 것 같지도 않고요. 누구를 만나건 친절한 태도로 존중을 해드리고 노력해요. 제가 만나는 사람이 얼마나 많이 배웠든 어떤 옷을 입었든 편견 없이, 한결같이 존중해드리거든요. "오늘 날씨가 추운데 강의장에 일찍 오셨네요"라는 식으로 말도 편안하게 건네고… 그렇게 하면 그분들이 먼저 저에게 말을 건네시기도 해요.

"엄마이기 전에 아빠이기 전에
아내이기 전에 남편이기 전에,
사람 대 사람으로,
인간 대 인간으로 바라보고 존중해주고, 함께 가자.
그럴 때 아이들 문제도 잘 해결되고,
본인들의 삶도 풀릴 수 있잖아요.
누군가 나를 위해서 지지해주고
격려해주는 것만으로도 힘이 나지 않을까요?
그러한 지지자와 격려자가
바로 나의 배우자여야 하는 거죠."

요즘은 질문하고 대답하는 게 어려운 시대잖아요. 누가 나에게 다가오길 기다리는 게 아니라 제가 먼저 인사하고 윙크해주며 손 내미는 거죠. 실제로 표현되는 말도 중요하지만, 비언어적인 커뮤니케이션이 결국 마음을 열어주지 않을까 싶어요.

비언어적인 커뮤니케이션이 핵심이네요. 표정이나 목소리, 거기서 뿜어져 나오는 분위기 자체가 상대방에게 전달되는 거니까요.

예, 가령 미소라든지. 제가 또 웃는 미소가… 아닌가요?(웃음)

아니요, 좋습니다.(웃음) 혹시 강사로 활동하시면서 미소도 따로 연습을 하시나요?

연습까지는 아니고요. 천성적으로 잘 웃어요. 그리고 제가 셀카 찍는 걸 좋아하거든요. 워낙 사진을 많이 찍다보니 어느 순간 감이 오더라고요. 주변 동료들이나 선생님들은 항상 제가 사진이 예쁘게 나온대요. 그런데 그게 억지로 되는 것이 아니라 자연스럽게 사진도 많이 찍다보니까, 그냥 저만의 사진 찍는 포즈가 생긴 것 같아요.

다년간 쌓인 셀카 경력에서 나온 자연스러움이네요?(웃음)

지인들은 저를 두고 '셀카 영재'라고 부르더라고요.(웃음)

말로 표현할 순 없지만, 보통 회중 앞에 있는 강연자를 볼 때, 회중들은 본능적으로 그들 앞에 있는 강연자의 존재를 확 느껴버리는 것 같아요. 말로 정확히 표현할 순 없지만, '내가 저 강연자와 호흡을 하고 싶다' 혹은 '호흡하기 싫다'를 본능적으로 느껴버리는 거죠.

맞아요.

단순히 '내가 오늘 잘 해야지'라고 해서 되는 게 아니라, 살아온 태도, 언어습관, 표정, 일상적으로 했던 말 같은 것들이 그대로 다

드러나는 것 같아요. 평소에는 맨날 찡그리고 있다가 강연단에 올라가서 갑자기 웃는 표정을 지어도, 회중들은 기가 막히게 알아채잖아요. 그래서 코치라는 직업이 일상생활과 더욱 분리될 수 없겠죠. 계속해서 좋은 느낌을 가지고 살아가야, 비로소 강연단에 올라가서 그것이 회중들에게 흘러갈 수 있으니까요.

다시 '부부 코칭'으로 화제를 전환하려고 합니다. 부부코칭을 하면서 특별히 기억에 남는 사례가 있다면 무엇인지 궁금하네요.

예, 기억에 남는 부부가 있어요. 작년에 제가 '다문화 부부 코칭'을 진행했거든요. 사실 제가 다문화 전공은 아니다보니 강의나 코칭 현장에서 다문화를 배경으로 가진 부부를 만날 기회가 많진 않아요. 종종 언어적인 부분에 어려움도 있고요. 그래서 제가 다문화부부 코칭을 5년 전에 처음 할 때도, 프로그램은 좋았지만 언어적인 면에서 상호교류가 안 돼서 힘들었던 적이 있거든요. 그래서 다문화 코칭 관련 강의 의뢰가 오면 다른 강사님들을 소개해 드리곤 했는데, 작년엔 우연히 다문화부부 집단 프로그램 의뢰가 와서 진행하게 됐어요. 원활한 프로그램 진행과 의사소통을 위해 코칭을 준비하며 많은 노력과 정성을 기울였죠.

당시 남편은 한국인이고 아내는 러시아인인 부부가 있었어요.

아내는 젊고 아름다웠지만, 솔직히 남편은 키도 작고 나이도 많고, 다소 가부장적인 이미지처럼 보였어요. 실제로 회기가 진행되면 될수록, 남편이 아내를 옴짝달싹 못하게 통제를 많이 하더라고요.

한마디로 남편이 권위적이었군요?

예, 겉으로는 안 그런 척 표현을 하지만 집단 활동을 할 때 보면 아내를 무시하는 모습이 자꾸 드러났어요. 남편은 아내에게 사랑받고 싶은 욕구가 굉장히 강해 보였죠. 정작 본인은 아내를 존중해주지도 않고 말로도 표현해주지 않으면서 아내가 자신을 향해 "최고의 남편이다"라고 해주길 기대하고 있는, 안타까운 부부였죠. '이 부부가 오랫동안 지속적으로 건강하게 살려면 남편과 아내 간에 존중이라든가, 남편이 아내를 소중히 여기는 마음이 있어야 하지 않을까' 하는 마음이 들었어요.

가령, 칭찬릴레이 시간 때, 남편은 "아내 칭찬할 게 없다"고 대놓고 말하는 거 있죠. 그러면서 아내가 남편 칭찬할 땐 "나 이것도 잘하잖아"라며 자기가 다 이야기하는 거예요. 그럴 때마다 아내 눈에 눈물이 글썽거리더라고요. 아마 집단프로그램에 참가했던 다른 부부들도 그 상황을 다 느꼈을 거예요. 이걸 어떻게 풀어 갈까… 하던 중, 프로그램이 중반부를 넘어가면서 남편의 언어 습관이 달라지기 시작하더라고요. 함께 참여하는 부부들의 모습을 보면서 남편 스스로 자기가 현재 어떤 사람인가에 대해서 느낀 것 같아요. 서서히 달라지더군요. 아내를 향해 던지는 언어나 행동에서 변화가 보였어요. 이전에는 프로그램 진행 중 핀잔을 두세 번 줬다면 이제 한 번만 준다거나. 사실 이것도 엄청난 변화잖아요.

마지막 8회기가 끝나서 수료식을 마치고 가는 날, 그 남편이 제게 "강사님께서 저에게 뭐라고 딱 꼬집어 이야기하지는 않았지만 제가 달라지기로 마음을 먹었습니다"라고 이야기하더라고요. "그랬어요 선생님? 제가 무슨 말 하려고 했는지 아셨어요?" 그랬더니 "그럼요, 알겠습니다"고 하더라고요. 달라지겠다고, 노력하겠다고 하셨죠. 그 부부랑 포옹을 하면서 프로그램을 마무리했어요.

스스로 느끼고 성찰하며 '변화할 수 있다'는 믿음을 갖는 것이야말로 대단한 성장이라고 말하고 싶어요. 사람들은 보통 자기가 말한 것에 대해 책임지려고 하거든요. 그래서 저는 언어 속에는 힘이 있다고 강조하곤 해요. 당장 큰 변화는 아니어도, 차츰차츰 변화가 일어나고 자기 자신의 입으로 "달라지겠다"고 이야기할 수 있다는 것. 그 자체로 의미가 있는 거죠. 그래서 그 부부의 모습이 지금도 제게 선명히 남아 있어요.

작지만, 자신의 입으로 변화의 의지를 표현하는 것. 맞습니다, 그 자체로 큰 의미가 있어 보여요.

그리고 부부 간의 관계라는 게 참 어려운 이유가, 평소 부부들이 쓰는 언어습관이나 태도를 스스로 인지하기 어렵기 때문인 것 같아요. 가령, 코치님이 계시거나 다른 부부들이 있어야 나를 돌아보게 되는 듯싶거든요. 그러한 의미에서 집단 부부코칭이 힘을 발휘할 수 있지 않을까 싶네요.

맞아요, 그게 중요합니다.

제가 방금 말을 하나 지어봤어요. '부부 코칭' 같은 경우는 코치의 역할이 어떠한 경계를 뚫어내는 것 같거든요. 나만의 경계를 자꾸만 뚫어서 상대방에게 갈 수 있도록 돕고, 상대방도 스스로의 경계를 뚫고 나한테 올 수 있도록 하는 것. 그것을 끊임없이 돕는 역할을 하는 게 코치의 역할 아닐까, 라는 생각. 이 표현이 적절한 표현인가요?(웃음)

예, 뚫고, 더 나아가 연결해주는 역할도 해야 하죠. 뚫어주기만

하면 안 되고, 하나로 연결하는 역할이 중요해요.

"연결해준다"라는 단어가 너무 좋네요. 저도 작가로서의 모토 같은 게 있다면 "글쓰기로 존재를 연결하다"이거든요. 어떻게 보면, 존재와 존재가 단절되어 있었는데 그것을 뚫어주는 게 코칭의 역할일 수 있겠네요. 마음과 마음이 닿을 수 있도록 끊임없이 도와줄 수 있는…

맞습니다. 마음과 마음이 연결될 수 있도록 하는 거죠.

'마음과 마음을 연결하는 변 코치', 이 말 어떠신가요?(웃음)

그리고 오늘은 부부코칭에 대한 이야기 외에도 좀 더 나누고 싶은 게 있어요. 코치님의 이력을 보면 '평생교육'이라는 영역에 지속적으로 에너지와 열정을 쏟아 오셨다는 걸 단숨에 알 수 있거든요. 그런데 사실 저는 '평생 교육'에 대한 개념이 생소한 편입니다. 평생 교육이라는 건 정확히 무슨 개념인가요?

한 사회를 구성하는 구성원이 태어났을 때부터 죽을 때까지 이루어지는 전 생애에 걸친 교육활동을 말해요. 한 사회의 구성원이 받는 교육은 정규 학교 교육에만 국한되는 것이 아니라 가정교육, 사회교육 등을 포함하여 유아기부터 노년기까지 전 생애에 걸쳐 계속 이루어져야 한다는 거죠. 1967년 유네스코에서 처음 주장된 교육론이에요. 대한민국 헌법에서는 "국가는 평생교육을 진흥하여야 한다"고 명시되어 있고요.

평생교육이란 건 단순히 이론적인 개념이 아니라, 내가 배우고 싶은 것을 언제 어디서나 배울 수 있는 교육이라고 보시면 돼요. 가령, 내가 초.중.고등학교를 다닐 때는 공부에 흥미가 없었을지라도, 사회생활을 해보고 여러 가지 동기에 의해서 공부를 시작했다면 그게 평생교육인 거죠. 그래서 그것이 내 평생을 지속적으로 이어갈 수 있는 커리어가 될 수도 있는 것이고요. 아이부터 노인에 이르는 사람들까지 자기가 가진 일, 경험, 그런 것들이 학습으로 연결되어 그 사람에게 있어 경력이든 일이든 연구가 될 수 있는 것, 그것을 두고 평생 학습이라고 말하고 싶어요.

즉, 평생교육 Life Long Education 이란 유아기부터 노년기에 이르는 전 생애에 걸쳐 이루어지는 정규 · 비정규의 모든 교육활동을 포함한다고 보시면 됩니다.

그렇다면, 코치님이 평생 교육을 주특기로 선택하셨을 때 정말 하시고자 했던 것은, 내가 어떤 연령층을 만나거건 그 사람이 다음 단계로 도약할 수 있도록 돕는 것이었겠네요. 그렇게 봐도 괜찮을까요?

예, 그렇죠. 현재 필요한 것이 있을 때 적절한 교육을 받을 수 있도록 도움을 주고 싶었거든요. 적시학습을 경험할 수 있도록 돕고, 또 그 다음단계로 올라갈 수 있는 걸 돕는 것. 그리고 개개인이 '주체적인 학습자'로 배움에 대한 호기심과 탐구력을 가지고 꾸준히 노력하도록 도움을 주는 것. 때론 내적인 혹은 외적인 상황으로 인해 포기하거나 힘든 상황이 올 때 버텨낼 수 있는 힘을 실어주는 것. 그렇게 정리할 수 있겠네요.

예, 그렇게 보면 코치님은 코치님 스스로의 도약도 즐기시지만, 누군가의 도약을 돕는 것에 대해서 엄청난 희열을 느끼시는 듯싶어요. 누군가의 다음 단계에 대해서 내가 가진 자원을 통해 제시해주며 그 사람의 성장을 돕는 행위 자체를 소중히 여기시는 느낌이랄까요.

사람들은 보통 자신이 다 알 수 있을 거라고 생각하지만, 모르는 경우도 많거든요. 그랬을 때 제가 저의 이야기를 자세히 말씀드리면 본인들에게 적절하게 적용하시더라고요. 그러면서 하고 싶은 것을 계속해서 추구하며 자신만의 길을 가는 것이죠. 그것이야말로 바로 평생학습 아닐까요?

누군가 저에게 조언을 구하거나 자문을 구하면 가능한 도움을 드리려고 노력해요. 노력이라 함은 시간을 정해서 만난다거나 지속적으로 정보를 공유해주는 거죠. 멀리 돌아서 가지 않아도 되는, 좀 더 빨리 갈 수 있는 길이 있거든요.

강사나 코치로 출발할 때 처음부터 욕심내기보다는, 자신이 정말 강의하고 싶은 분야가 어떤 분야인지, 강사로서 어떤 역량을 자신이 보유하고 있는지를 정확하게 파악하는 것이 중요하다고 조언해줘요. 또한 선택과 집중을 할 수 있도록 조언도 해주고. 결국 선택은 상대방이 할 수 있도록 격려해 줍니다. 제가 걸어 온 길은 저에게는 정답일 수 있지만 상대방에게는 정답이 아닐 수도 있잖아요. 그렇게 스스로 정답을 찾아가는 모습을 볼 때 정말 보람과 기쁨이 밀려와요. 그래서 지금도 도움이 필요한 분들이 계시면 그들에게 작은 도움이라도 제공해 드리고 싶어 정성을 다하지 않나 싶습니다.

예, 인터뷰가 진행될수록, 코치님이 코치로서 가지고 있고 지향하는 가치가 점점 더 선명해지는 느낌입니다.

오늘은 '부부코칭'에 대한 이야기로 시작해서 코치님과 아주 밀접한 개념이라고 할 수 있는 '평생학습'에 대해 이야기를 나눴어요. 어느새 마지막 질문입니다. 코치님은 그야말로 초등학생부터 노년층에 이르기까지 다양한 연령의 사람들을 만나시잖아요. 그 중에서도 특별히 마음이 가는 연령층이 있으신가요?

흠, 저는 아무래도 부모 교육을 할 때 만나는 부모님들이 특별히 마음이 가요. 강사로서 대상자들과 가장 호흡도 잘 맞고요. 어쨌든 우리나라 다음세대를 키우는 존재가 부모잖아요. 그렇기 때문에 저는 부모 교육을 할 때 정말 혼신의 힘을 기울이게 돼요. 다음세대 주인공을 키우는 부모들이 좋은 부모로서의 역할을 배움으로써 자녀들을 잘 양육할 수 있게 될 거라고 믿거든요. 그래야 가정이 건강하고 '긍정의 가족'으로 성장할 수 있으며 더 나아가서는 우리가 살고 있는 마을과 지역, 그리고 우리나라가 행복해질 수 있겠지요. "건강한 부모가 건강한 아이를 만들 수 있다" "행복한 부모가 행복한 아이를 만든다" "힘주는 부모가 신나는 아이를 만든다" 이러한 주제들로 코칭을 해요.

다만, 부모교육에 사명감을 담아 전하는 자로서 아쉬운 점이 있다면 교육이 꼭 필요한 몇몇 분들 입장에선 강의 현장에 참석하기가 여전히 어렵다는 현실이에요. 교육 현장에 여전히 빈익빈 부익부 현상이 나타나거든요. 부모교육이 절실한 부모님들 중에는 생계가 어려워 듣고 싶어도 참가하지 못하는 분들이 계셔요. 물론 과거에 비해 요즘은 저녁시간이나 점심시간을 활용해서 찾아가는 부모교육이 많아지긴 했지만, 여전히 취약계층에겐 매우 힘든 상황이죠. 이러한 부분들이 개선이 되면 좋겠다는 고민은 강의를 하면 할수록 깊어지게 되네요.

이미 지난 두 번의 인터뷰를 통해 '자녀 코칭'에 대해서는 이야기를 나눴는데, 앞으로 몇 번 더 이야기를 나눠야겠네요.(웃음)

사실 제가 만나는 모든 연령층이 다 소중하죠. 다만, 좀 더 자연스럽게 저의 에너지가 폭발하는 대상이 초.중.고등학생 자녀를 둔 부모님들 같아요.(웃음)

오늘 인터뷰도 참 좋았습니다. 감사합니다, '연결하는 코치' 변 코치님.(웃음)

"강사나 코치로 출발할 때 처음부터 욕심내기보다는,
자신이 정말 강의하고 싶은 분야가 어떤 분야인지,
강사로서 어떤 역량을 자신이 보유하고 있는지를
정확하게 파악하는 것이 중요하다고 조언해줘요.
또한 선택과 집중을 할 수 있도록 조언도 해주고.
결국 선택은 상대방이 할 수 있도록 격려해 줍니다.
제가 걸어 온 길은 저에게는 정답일 수 있지만
상대방에게는 정답이 아닐 수도 있잖아요.
그렇게 스스로 정답을 찾아가는 모습을 볼 때
정말 보람과 기쁨이 밀려와요."

'부부'라는 단어를 떠올리게 되면 어떤 단어나 이미지가 떠오르나요?

저는 '화성에서 온 남자, 금성에서 온 여자'가 가장 먼저 떠오르곤 합니다. 각자의 성장배경, 환경, 교육 등 다양한 환경에서 자라온 남녀가 만나 사랑을 시작하고 행복한 결혼을 꿈꾸며 한 가정을 이루게 되는, 인간의 생애 중 가장 중요하고 결정적인 만남이며 관계이지요.

저도 배우자를 위해 기도하고 기대하며 만화에 등장하는 남자 주인공 테리우스를 떠올리기도 했습니다. 고등학교 재학 시절 총

각 선생님을 우러러보며 '철부지 첫사랑' 시절을 보내기도 했고요. 심지어 그 선생님을 통해 미래 배우자의 모습을 상상하곤 했습니다.

우리 한 번, 퀴즈 하나 풀어볼까요?

몰랐는데, 가까워지니 상대방의 단점이 보이는 관계를 뭐라고 할까요?

정답은 무엇일까요? 바로 '부부'입니다.

가족관계연구의 세계적인 권위자인 가트맨Gottman 박사님의 연구 내용 중, 몰래카메라를 설치하고 부부의 일상생활을 관찰한 뒤 과학적으로 분석한 부분이 있습니다. 연구 결과를 보니 행복한 부부는 서로의 긍정적인 정서 즉 관심, 애정, 우정, 친밀감, 이해, 존중, 존경, 헌신을 많이 표현한다고 합니다. 이렇게 보면 신뢰에 기반하여 서로간에 긍정적인 정서를 풍성하게 표현하는 것이 건강한 부부로 행복하게 살아가는 방법인 것 같습니다. 다음에 제시하고 싶은 내용은 제가 다양한 부부들을 만나 집단 상담과 부부코칭을 진행했던 경험과 저의 결혼생활의 사례를 통해 만들어본 '부부관계 설명서'인데요. 부부관계에 있어서 현재 어려움이나 갈등을 겪고 있는 분들에게 도움이 되리라 믿습니다.

이제, 건강한 성장을 위해 부부가 기억하고 실천해야 할 5가지를 소개합니다.

1. 상대방을 향해 힘을 실어주는 언어를 사용하십시오. 즉, 상대방이 좋아하는 방식의 언어로 서로를 마주하십시오.

이것은 부부간에 친밀감을 이루기 위한 키포인트입니다. 남녀는 객관적으로 차이가 있습니다. 우리가 매일 사용하는 언어도 남녀가 사용하는 패턴에는 조금씩 차이가 있을 것입니다. 일반적으로 주고받는 부부 사이의 언어에는 상대방을 향한 존경이나 사랑이 담기는 경우가 흔치 않은 것 같습니다. 안타까운 일이죠. 부부 사이의 건강한 대화를 위한 4가지 언어를 소개합니다. 이 4가지 언어를 일상 중에 잘 활용하면 상대방을 향해 힘을 실어주는 마법의 언어가 될 것입니다.

먼저, "미안해요"입니다. 이 말은 상대방의 마음을 넓고 깊게 해 줍니다.

두 번째 언어는 "고마워요"입니다. 이 말은 상대방의 마음에 겸손한 인격의 탑을 쌓게 해 줍니다.

세 번째는 "사랑해요"입니다. 이 말은 상대방을 날마다 새롭고 감미롭게 해줍니다.

네 번째는 "잘 했어요"입니다. 이 말은 상대방이 사람답게 자리 잡을 수 있게 만드는 언어입니다.

이 4가지 언어가 모두 좋지만, 저는 "잘 했어요"라는 말을 가장 좋아합니다. 이 말은 부부가 신뢰를 바탕으로 꾸준하게 성장할 수 있도록 만들기 때문입니다.

하지만 항상 좋은 말만 할 수는 없겠지요.

만약에 상대방의 특정 행동을 교정하거나 바꾸고 싶을 때가 있다면 이런 방법을 시도해 보세요. 샌드위치를 머릿속에 떠올려 보는 겁니다. 샌드위치는 양쪽 끝이 빵으로 둘러 싸여 있고 빵과 빵 사이에는 다양한 재료가 들어가 고객이 좋아하는 샌드위치로 탄생하게 됩니다. 샌드위치 사이에 들어가는 재료들을 우리가 선택할 수 있는 것처럼, 상대방의 태도나 행동이 개선되기를 바랄 땐 아래 그림의 예시처럼 두 개의 긍정적인 말 사이에 변화나 개선에 대한 제안을 끼워 넣는 것입니다. 긍정의 언어로 끝맺는 피드백은 상대방의 자긍심을 보호해 주고 용기를 북돋워 줄 수 있기 때문입니다.

인정의 말

교정의 말

긍정의 말

나의 배우자가 듣고 싶어하는 인정의 말, 긍정의 말이 있다면 무엇인지 적어보세요.

2. 때로는 삶이 우리를 힘들게 하더라도 상대방을 향해 비난하지 마십시오.

비난은 또 다른 비난을 낳게 되는 과오를 범하게 만듭니다. 그 가운데 경제, 건강, 관계, 자녀 문제 등은 서로에게 힘든 과정을 겪게 합니다. 스트레스로 인해 우울하고 무기력하고 분노로 공격적인 행동을 하기도 합니다. 그러나 그럴 때일수록 상대방을 비난하기 보다는 서로를 이해하려는 역지사지의 마음이 필요합니다. 물론 이것은 대단히 힘든 고통이 수반됨을 기억하셔야 합니다. 그러나 고통을 이겨낼 수 있는 힘을 기르셔야겠죠. 그 힘든 고통의 시간을 이겨낼 수 있다면 '건강한 부부의 자리'로 다시 돌아갈 수 있을 것입니다.

또한 상대방에게 물리적인 힘을 가하는 폭력행사는 결코 있어서는 안 됩니다. 부부싸움 과정에서 일어난 폭력은 어떠한 이유로도 정당화될 수 없습니다. 혹시라도 지금 당신이 배우자로부터 폭력을 당하고 계신다면 은폐하려 들지 말고 용기를 가지고 주변에 도움을 요청하시길 바랍니다. 도움을 청하는 것은 단순히 고자질하고 신고하는 것이 아니라 민주적이고 정의로운 방법입니다. 반복적인 폭력으로부터 벗어나 자녀와 가족들에게 폭력이 대물림되지 않도록 하기 위한 최선의 방법인 것이죠. KBS1 TV에서 방영되었던 〈행복한 세상 TV동화〉에 방영되었던 '노란 손수건'이란 실화를 소개하고자 합니다.

오랜 기간 교도소에 수감 중이던 한 남편이 있었습니다. 수감 생활이 끝나가던 남편은 세상으로 나가게 되었지만 두려움에 선뜻 가족의 곁으로 돌아갈 수 있을지 고민이 되었습니다. 출소 전 그는 아내에게 "자신이 집으로 돌아가길 바란다면 마을 앞 커다란 나무에 노란 손수건을 매달아 달라"는 장문의 편지를 쓰게 됩니다. 기다리던 출소를 하고 사랑하는 아내와 가족들이 살고 있는 마을에 도착한 남편은 온통 노란 손수건으로 채워진 나무를 발견하고는 흐느끼며 눈물을 흘립니다. 나무에 걸린 노란 손수건을 본 남편의 마음은 어땠을까요?

용서야말로 이 시대를 살아가는 부부에게 꼭 필요한 덕목일 겁니다. 어떠한 잘못을 지었더라도 '가족의 이름'으로 먼저 따뜻하게 안아주고 받아들여준다는 이 아름다운 이야기를 통해, 배우자라는 존재를 향한 따뜻한 용서의 미덕이 부부 관계 안에 발현되길 소망합니다.

3. 서로의 기념일과 부부만의 특별한 날을 만들어 보십시오.

우리는 일상에서 매우 분주하게 그리고 치열하게 살아가고 있습니다. 이러한 일상의 삶에서 소중한 사람과 소중한 시간을 마주하는 시간을 가질 때, 우리는 비로소 위로와 힘을 얻게 됩니다.

우리 부부만의 기념일이라든가 특별한 의미를 부여하는 부부만의 날을 만들어 보세요. 정신적인 기념일을 함께 한다는 것은 매우 중요한 일입니다. 이러한 이벤트는 정신적인 동반을 함께 만들어가는 아주 훌륭한 의식이 되기 때문입니다. 저희 부부는 결혼기념일과 생일은 물론이고 특별한 날, 예를 들어 발렌타인데이나 화이트데이, 그리고 부부의 날, 빼빼로데이 등등 주로 젊은 층들이 기념하는 날에도 저희 부부만의 의미를 부여하며 지금까지도 함께 자축하고 있습니다. 서로 번갈아가며 식사와 차를 나누어 비용을 지불하고 인기리에 상영 중인 영화가 있으면 함께 극장에 가서 영화도 보며 대화거리를 끊임없이 만들어 갑니다. 이런 노력이 없으면 부부 사이의 대화도 그 어떤 연결조차도 유지하기 어려워지기 때문입니다. 저마다 좋아하는 형태로 저마다의 특별한 이벤트를 만들어 가십시오. 상대방의 예상치 못한 매력을 발견할 수도 있게 됩니다.

4. 부부간에도 끊임없이 노력하고 공부하고 성장해야 합니다.

서로를 이해하기 위해 상대방이 진정으로 원하는 것이 무엇인지 알려고 하는 것은 매우 중요합니다. 물론 이 과정이 쉬운 과정은 아닙니다만 건강한 부부 관계를 위해서라면 끊임없이 노력해야 합니다. 때론 대화를, 때론 서로를 이해하기 위한 공부를 하며 관계의 개선을 위해 함께 힘을 써야 합니다.

　부부사이에 서로를 부르는 호칭이 있죠. 여러분은 '여보'와 '당신'의 뜻을 아시나요?
　'여보'는 같을 여(如), 보배 보(寶) 즉, 보배와 같이 소중한 사람이란 뜻이고요. '당신'이란 말은 마땅 당(當), 몸 신(身) 그래서 '당연히 자신의 몸과 같이 아끼고 사랑해야 할 사람'이란 뜻이랍니다.

　부부란, 나를 가장 빛났던 순간으로도, 나를 가장 어두웠던 순간으로도 존재하게 만드는 중요한 대상입니다. 그러므로 서로를 가장 신뢰하고, 서로를 향한 뜨거운 열정으로 사랑해 주십시오. 때론 나를 힘들게도 하는 상대이지만, 내가 행복할 때 나의 행복한 모습을 기뻐해 줄 사람도 역시 '그'이기 때문입니다. 내가 힘들고 어려운 상황일 때 그 힘든 상황을 함께하며 묵묵히 지켜줄 사람도 역시 나의 배우자겠죠.

　부부 관계의 성장을 이루기 위해서는 고통을 이겨내야 합니다. 그러므로 과감히 시간을 계획하여 공부하는 데 시간을 투자하십시오. 학습을 통한 성장은 끊임없는 자기반성과 성찰을 이끌어 줍니다. 상대방의 잠재력을 발견하게 해주는 중요한 터닝포인트가 될 수도 있고요. 벼는 익을수록 고개를 숙인다고 하지요? 교육은,

아니 공부는 앎을 통한 지적인 성장인 동시에 자신을 들여다보고 겸손하게 만들어 주는 가장 좋은 친구입니다.

5. '당신의 반쪽'이 아닌 '또 다른 나 자신'이라고 생각하시고 상 대방을 소유하려 들지 말고 존중하십시오.

"내가 그의 이름을 불러 준 것처럼
　나의 이 빛깔과 향기에 알맞은 누가 나의 이름을 불러다오.

　그에게로 가서 나도 그의 꽃이 되고 싶다.
　우리들은 모두 무엇이 되고 싶다.

　너는 나에게 나는 너에게
　잊혀지지 않는 하나의 눈짓이 되고 싶다."

_ **김춘수**, 〈꽃〉 중에서

당신이 상대방을 주체적인 존재로 인정하고 존중할 때 당신도 인정받고 존중받을 수 있게 됩니다. 김춘수 시인의 〈꽃〉이란 시 처럼, 누군가 나를 불러주었을 때 내가 그에게로 가서 꽃이 되는 것이죠.

부부 사이는 촌수가 없이 무촌입니다. 가장 가깝기도 하지만 가장 멀기도 한 것이죠. 사랑을 해서 결혼을 하지만, 아이를 낳고 여러 일들을 겪으면서 상대방의 장점이라고 생각했던 것이 단점이 되어 실망도 하고 분노도 생기며 단절을 경험하기도 합니다. 이러한 힘든 상황에서 필요한 것이 바로 '존중'입니다. 존중이란 사람이 갖춰야 할 중요한 도덕적 요건 중 하나입니다.

억지로 상대방을 변화시키기 위해 지나친 간섭을 하며 서로에게 상처를 주기보다는, 스스로가 변화될 수 있도록 돕는 것이야말로 부부사이의 건강한 관계를 지속적으로 만들어 갈 수 있는 방법일 겁니다. 이것이 지혜롭게 부부관계를 만들어 가는 방법이라고 생각합니다.

우리에게 익숙한 말 중 "우리가 남이가?"라는 말이 있지요. 이 말이 예능 프로그램이나 영화에서 자주 사용되는 것을 볼 때마다 가끔은 경계를 침범하는 말로 들리기도 합니다. 가까운 관계일수록 개인의 사적인 영역을 인정하고 보호해 주어야 서로를 존중해 주는 것이고, 그렇게 함으로써 건강한 관계를 오래도록 지속할 수 있기 때문입니다.

마지막으로 제가 좋아하는 시 한편을 소개하면서 마무리 하고

자 합니다. 적당한 거리야말로 건강한 부부의 성장을 도울 수 있는 처방전이 될 것입니다.

적당한 거리의 법칙

_ 김현태

나무와 나무 사이엔
적당한 거리가 필요합니다.
너무 가까이 붙어 있으면
한정된 영양분을 나눠 먹어야 하기에
튼실하게 자랄 수 없습니다.

고슴도치와 고슴도치 사이엔
적당한 거리가 필요합니다.
너무 가까이 붙어 있으면
뾰족한 가시 때문에
서로에게 상처를 줄 수 있습니다.

사람도 마찬가지입니다.
적당한 거리가 필요합니다.

서로 그리워할 만큼의 거리,
서로 이해할 수 있을 만큼의 거리,
서로 소유하지 않고
자유를 줄 수 있는 거리,
서로 불신하지 않고
신뢰할 수 있는 거리

그 거리를 유지해야만
관계가 더 오래갈 수 있습니다.

내 편으로 만들고
관계를 오래 유지하고 싶다면
집착보다는,
때로는 제3자인 것처럼
한 걸음 물러나 관망하는 것도
필요합니다.

_ 김현태, 〈내 마음 들었다 놨다〉 중에서

Chapter. **4**

보통 군인,
그 이상의 군인

코치님, 오늘은 '군인코칭'에 대해서 이야기를 나눠보고 싶어요. 종종 코치님의 SNS에 들어가 보면, 군인코칭을 마치시고 뿌듯한 마음을 담아 올린 사진들이 보이더라고요. 사실 저도 꽤 오래전 한 명의 군인이었지만, 코칭 같은 걸 받아본 적은 없거든요. 과연 그들에게 무엇을 전하실지, 그들이 군인코칭을 얼마나 소화할지 의문이기도 하고요. 군인코칭하실 때, 주로 어떠한 점에 주안점을 두시는지 여쭤보고 싶었습니다.

군인 코칭을 나가게 된 건, 작년 2018년부터에요. 국방부와 문화체육관광부, 그리고 '사랑의 책 나누기 운동본부'에서 병영독서 활동화 지원사업을 진행하며 강사들을 모집했거든요. 저도 선발되어 찾아가는 병영독서코칭 강의를 시작했죠. 군인 대상의 코칭은 강의 나갈 때마다 2시간씩 진행했어요. 사전에 본부 측에서 선정해 준 도서목록이 있는데 부대 담당관과 담당 강사가 서로 협의를 통해 선정한 도서목록을 중심으로 독서코칭을 진행했죠. 그 도서목록이 총 50권이었는데 그 중 7권을 선택해서 7회기로 진행했어요. 제가 장병들에게 도움이 될 만한 도서를 선택하여 목록을 보내면 해당 부대 담당관님도 자신이 뽑은 리스트를 토대로 절충을 해서 최종 독서코칭 도서를 선정하는 거죠. 가령 해병대라면, "우리 해병대 장병들에게는 이러한 부류의 책이 좋겠습니다"라는 식으로 선정을 하는 거예요.

　도서가 선정 되면 보통 2주 간격을 두고 병영코칭을 진행해요. 장병들에게 책을 읽을 수 있는 시간을 충분히 확보해 줘야 하기 때문에 평균 2주 이상의 간격을 두며 출강하죠. 물론, 군부대라는 곳의 특성상 급한 행사나 훈련이 생기게 되면 병영코칭이 연기되기도 하고요.

　병영코칭만의 특징이라고 한다면… 책을 통해 군인들 안에 꿈틀대는 인문학적인 감수성을 일깨우고 군복무 기간이 청년들에게 있어서 '단순히 시간을 허비하는 것이 아닌' 제대 후 사회 복귀를 잘 대비하는 시간이 되도록 돕는 데 있어요. '목표'가 꽤 큼지막하죠?(웃음) 바람직한 병영문화를 정착하는 데 목적이 있다고 봐야죠. 책읽기의 즐거움을 경험하고 스스로 책을 찾아 읽는 독서습관을 갖도록 하며 책을 통해 다양한 정보를 함께 공유함으로써 집단지성의 힘을 길러주는 거예요.

보통 두 시간으로 진행이 되는데 저 같은 경우 1시간 정도는 선정된 도서를 간단히 요약해서 책에 대해 안내를 해줘요. 그리고 작가가 책을 통해 독자들에게 전달하고 싶은 주제가 어떤 것인지 장병들에게 질문하며 책의 이해를 키워나가죠. 그 다음 이어지는 1시간은 독서를 통한 내면화 활동이에요. 이 시간엔 장병들이 독후활동에 참여하게 됩니다. 내면화 활동이야말로 책을 통한 주요 주제와 관련된 사고를 확장해나가고 자기 특성을 구체화 또는 명료화 할 수 있는 요긴한 통로가 되거든요.

병영코칭의 특성이나 목표가 제 예상보다도 훨씬 더 체계적이네요.

그렇죠, 작년 2018년 같은 경우에는 소설, 시, 과학, 역사, 자기계발 분야 등 7권으로 구성했어요. 〈편의점 인간〉으로 시작해서, 〈신경 끄기의 기술〉로 마무리했죠. 일단 첫 시작이 너무 좋았어요. 특히 담당관님이 책을 통한 성장에 대해 관심이 많으신 분이라 소통이 잘 되었죠. 매회기 50명이 모여 독서코칭을 진행했으니, 분위기가 꽤나 후끈후끈했죠.

저는 여전히 그 모습이 상상이 안 가요.(웃음) 장병들이 자발적으로 발표를 하나요?

그럼요. 가끔은 포상과 연결이 되니 열심히 하죠.(웃음) 열심히 하는 장병에겐 어떤 식으로든 포상이 있거든요. 외출이든 1박2일 외박이건, 이러한 포상은 부대와 사전에 미리 긴밀한 협조를 한 후 진행되는 것이죠. 이유야 어찌됐든 장병들이 열심히 하는 모습들을 보면 정말 기분이 좋아요.

사실 장병들 간에 서로 나이도 다르고, 게다가 계급사회다보니 같이 잠을 자고 밥을 먹어도 서로의 모습을 제대로 알기 어렵거든요. 그런데 병영독서코칭 시간을 갖다보면 계급과는 무관하게 같은 책을 읽고, 공통된 주제와 관심사에 대해 토론하고 발표하게 되잖아요. 장병 스스로가 자신을 더욱 깊이 이해하고 타인의 정서를 이해할 수 있는 시간이 되는 거죠. 서로의 다름을 이해함으로써 의사소통과 신뢰성이 증진되고 특히 상호존중과 타인에 대한 배려의 문화 같은 게 생겨나는 거예요. 군인들 특유의 집단응집력을 이루게 되는 셈이죠. 장병들 서로 간에 처음 보는 모습들을 발견하기도 해요. 짧은 시간이지만 장병들 간에 서로 공감하고 소통할 수 있는 계기가 생기는 셈이에요. 그리고 책만이 줄 수 있는 감동, 깨달음이란 게 있잖아요. 진행하는 저도 회기가 거듭될수록 너무나 놀라운 변화를 보곤 해요.

변화에 감탄하며 장병들에게 작은 보상이라도 해주고 싶어서 요즘 신세대 장병들이 좋아할만한 간식류를 매번 준비해 가곤 했어요.(웃음)

어떤 걸 그렇게 싸가지고 다니시나요?(웃음)

작년 2018년, 6월에 시작해서 11월 말쯤 종료가 된 코칭의 경우, 강의 마지막 날에 빵과 귤을 준비해 갔어요. 틈틈이 초콜릿을 챙겨가기도 했고요. 부대에서 먹지 못하는 초콜릿 중심으로 가져갔죠. 이미 부대에 있는 걸 가져가면 식상하잖아요. 부대에서 구하지 못하는 비스킷이나 초콜릿류를 가져다주면, 하나도 남기지 않을 만큼 장병들이 잘 먹더라고요.

제가 장병이었어도 맛있게 먹을 듯합니다.(웃음) 맛있게 먹으며 마음이 열린 장병들에겐 주로 무슨 발표를 시키시나요?

우선 느낀 점을 나누도록 해요. 장병들이 책을 읽으면서 나름 선별한 핵심키워드를 자연스럽게 발표하면서 자신의 경험도 나누도록 하는 거죠. 책을 미리 읽지 못한 채 참가하는 장병들에게는 책에 대한 호기심을 유발하게 하고 도서의 일부 내용을 알려줄 수 있는 방법이거든요. 초반에는 제가 쭈욱 줄거리에 대해 나누지만 회기가 진행되는 동안에는 자발적으로 토론을 하거나 발제할 장병들을 자원 받죠. 5-7명 정도의 발제자를 택해서 5-10분 정도 챕터별로 발표하도록 하는 거예요. 그렇게 진행하면 장병들이 책에 대해 좋은 인상을 받게 되거든요. 그 동안 책을 보며 '두껍고, 지겹고, 어렵다'고만 생각했던 장병에게서 "가장 저렴한 돈으로 지혜를 얻을 수 있는 교과서였다"라는 피드백이 나오기도 했어요. 당시 그 피드백에 많은 장병들이 공감해주고 박수를 쳐줬죠.

사실 저의 경험을 비춰보면 군인들에게 최고의 게스트는 아이돌 가수거든요.(웃음) 책 나눔을 평소 좋아하지 않았던 장병들 입장에선 독서 내용을 나눈다는 게 별로 호감이 가지 않을 수도 있다고 봐요. 그렇다면, 관계 형성은 어떻게 하시나요? 코치님의 멘트로 군인들의 마음이 확 열릴 수도, 닫힐 수도 있으니까요.

일단은 담당관님이 프로그램을 열 때마다 간단히 먼저 소개를 해주세요. 제가 딱 봐도 장병들이 좋아할만한 젊은 강사는 아니기 때문에 아무리 책을 좋아하는 청년들이 모였다고 해도 재미가 떨어질 수 있잖아요. 저는 책을 통해서 장병들이 호기심을 얻을 수 있도록 하는 편이에요. 그렇다고 처음 시간부터 책 코칭이 들어가는 게 아니라, 세상에서 벌어지고 있는 일들을 통해 시사점을 제공하며 시작하는 거죠. 가령, 예전에 BTS가 UN에서 연설을 했잖아요. 그 당시 제가 〈나는 나로 살기로 했다〉를 독서코칭의 책으로 선정하며 나눈 중요한 주제가 '나 자신에 대한 자존감'이었거든요. 그것에 맞춰 BTS가 UN에서 연설했던 동영상을 함께 시청하면서 강의를 시작했죠. 장병들이 꽤나 관심 있게 보더라고요. 간단한 질문에 단답형으로 답을 하거나 O,X퀴즈 등을 통해 틀린 곳을 수정하게 하기도 하고, 빈칸 메우기 등을 사용하기도 하고, 다양한 방법을 활용하면서 장병들이 참여하도록 유도해요.

한마디로 그때그때 벌어지는 이슈로 관심을 유도하는 거네요. 이건 코치님의 코칭 전반에 흐르는 노하우 같기도 합니다. 그리고 그것 외에도, 군인 코칭을 나가실 때 사용하시는 코치님만의 노하우 같은 게 있을 것 같은데요. 혹시 뭐가 있을까요?

아마도 '따뜻함'인 것 같아요. 장병들 입장에선 군복무라는 특수한 상황으로 인해 어쩌면 세상과 단절되어 있다고 생각할 수 있잖아요. 그러한 상황에서도 잘 버텨내고 있음을 강의를 통해 때론 '공감'으로, 때론 '경청'과 '적절한 칭찬'으로 인정해 주려고 노력해요. 그런 모습을 보며 장병들도 편안하게 독서코칭에 참여하는 것 같습니다.

지난 인터뷰 내용과 방금 말씀하신 내용을 종합해보면 '따뜻함'이라는 게 코치님의 코칭에 있어서 매우 중요한 포인트라고 봅니다. 따뜻함의 비결이 대체 어디에 있을까요?

사람을 향한 사랑과 존중이라고 생각해요. 제 경우를 봐도 결혼 전과 결혼 후로 비교해 보면 정말 달라졌다는 생각이 들거든요. 결혼 전에는 상대방을 이해하려고하기 보다는 내 중심으로 "내 생각이 늘 옳다"라고 주장했다면, 결혼을 하고 가족을 이루며 출산과 자녀 양육, 그리고 다양한 사회적 관계 속에서 경험하고 배워가는 것들이 쌓여가며 저의 생각이나 행동, 그리고 사람을 대하는 부분에 있어서 많은 변화가 일어났죠. 더불어 끊임없는 학습과 자원봉사 등을 통해 실제 현장에서 몸을 부딪혀가며 자연스럽게 사람에 대한 소중함과 존재의 의미를 다르게 바라볼 수 있게 된 것 같아요.

마찬가지로, 병영 독서코칭을 진행할 때 그 자리에 나와 있는 장병 한 명 한 명이 너무 소중한 거죠. 사실 장병들 입장에선 귀찮거나 결석을 할 수도 있는데 참석한다는 것, 그 자체로도 장병들이 너무 사랑스럽거든요. 그런 분들한테는, 저도 진정성 있게 다가가야 한다고 생각해요.

이건 아주 중요한 포인트 같아요. 간혹 어떤 강사분들은 '내가 이 분야에 전문가다'라는 태도로 회중을 무시할 때도 있거든요.

삶은 또 어떻게 역전될지 알 수 없는 거잖아요. 오늘은 내가 강사의 입장이지만, 또 다른 어느 곳에선 제가 들을 수 있는 입장일 수도 있는 거니까요. 늘 겸손하려고 애쓰죠.

그렇다면, 혹시 군인 코칭을 하시며 특별히 기억에 남는 장병이 있다면?

예, 지금 바로 떠오르는 장병이 한 명 있어요. 해병대 출강 때, 저희 반 동아리 반장이 있었는데, 김현민(가명)이라는 장병이었어요. 첫 날, 그 장병이 반장을 하겠다고 손을 번쩍 드니까 담당관님이 눈을 번쩍 뜨시더라고요. 놀랍게도 코칭을 마치고 담당관님이 제게 와서 "선생님, 사실 현민이가 군대 적응을 좀 어려워하던 장병입니다"라고 하더라고요.

그런데 반장을 하겠다고 손을 들었단 말이죠?

예, 그러니까 담당관님이 너무 놀란 거죠. 자원해서 반장을 하겠다는데 제가 하지 말라고 할 순 없으니까, 일단 저에게 맡겨 달라고 이야기했죠. 그 후로 회기가 진행이 되는데, 현민 장병이 반장 역할을 너무 잘 해주었어요. 선정된 7권의 책을 어찌나 잘 읽던지, 특히나 과학에 대한 책은 어려웠는데 그것도 정말 열심히 읽었어요. 심지어 독서 노트 한 권을 독후감으로 꽉 채우고, 한 권의 독서노트를 더 달라고 해서 챙겨주었죠. 그뿐 아니라 독서코칭을 위한 강의 준비도 얼마나 잘 해줬는지 몰라요. 제가 부대에 도착하면 주차장까지 딱 나와서, 제가 준비해 간 자료들을 챙겨주고. 노트북 설치와 인사 및 마무리 정리까지 다 잘해줄 정도였으니까요. 코칭 중반부에 들어섰던 4회기 때 부대에 도착해서 강의장에 들어서는데 담당관님이 저에게 "교수님, 우리 현민이가 달라졌습니다"라고 하시는 거예요. 짧은 시간이었지만, 자신이 무엇을 해야 하는지 고민하며 꿈이 생겨난 거죠. 마지막 회기 코칭을 마치고, 허깅을 하며 헤어졌어요.

저도 군 생활을 했지만, 그 시절은 무언가를 향해 갈증이 있으면서도 한편으로 굉장히 닫혀 있는 시기거든요. 어찌 보면 남성성만 기형적으로 계발되는 시기죠. 특히 감성이나 따뜻함에 대해서는 많이 닫혀 있는 시기이기도 하고요. 어찌 보면 코치님이 장병들의 그런 부분을 건드려주신 게 아닌가 싶어요.

예, 내면화 활동을 하며 자신의 성향을 알 수 있는 프로그램을 진행했어요. 서로의 얼굴을 그려주는 활동도 했고요. 그 시간이 "너무너무 행복했다"는 피드백이 많았어요. 그런 것들이, 딱딱하고 경직된 분위기를 벗어나게 해준 것 같아요.

어쨌거나 코치로서 그러한 분위기를 끌어가시는 게 중요할 듯 싶어요. 그렇다면, 군인 코칭이라는 영역을 떠나서, 코치님이 분위기를 주도해가는 노하우 같은 건 무엇인가요?

가장 중요한 건 강의장에 어떤 분들이 참여하는지, 거기에 있죠. 대단히 중요한 관건이에요. 그래서 강의 전 담당자와 긴밀하게 협의를 하죠. 그래야만 강의주제에 맞는 적절한 이론과 사례와 활동 등을 접목해서 강의를 구조화 할 수 있거든요. 이러한 사전 작업이 강의를 매끄럽게 끌고 가게 되는 비결 아닐까 싶어요. 이건 제가 배운 이론적인 내용, 그리고 강의, 상담, 코칭 등 다양한 현장에서 겪은 경험에서 온 거예요. 즉 이론 반, 경험 반, 이렇게 두 가지가 합쳐져 나름의 노하우가 탄생한 셈이죠. 그리고 쉽지만 깊게, 깊지만 유쾌하게 강의를 이끄는 것이 제 강의 노하우일지도 모르겠네요. 이것은 제가 강사로 준비하면서 읽었던 책에 나왔던 내용인데, 일본의 극작가 이노우에 히사시가 글쓰기를 위한 나름의 노하우를 말한 대목이에요. 제가 강의 활동 전반적인 영역을 진행하고 이루어 가는 데 있어 꼭 필요한 나름의 지침과도 같이 여기고 있는 문구죠.

"어려운 것은 쉽게,
 쉬운 것을 깊게,
 깊은 것은 유쾌하게"

가령, 코치님이 느끼시기에 '아, 분위기가 좋다'라고 생각할 수도 있지만, '아, 분위기가 다운됐다' 싶을 수도 있잖아요. 그랬을 땐 어떻게 끌어올리시나요?

사실 강의를 하다가 벽에 부딪힌 느낌을 받아본 적은 거의 없어요. 성향이 다른 사람들이 모여 있기 때문에, 강의를 설계할 때 어느 한 쪽으로 쏠리지 않도록 강의 설정을 하는 거죠. A라는 사람에게도 만족을 줄 수 있고, B라는 타입의, C라는 타입의 사람에게도 만족을 줄 수 있도록 강의를 설계하는 것. 그것이 강사의 노하우라면 노하우겠죠. 말하는 걸 너무 힘들어하는 사람에게 계속 "옆 사람과 이야기하세요"라고 말한다면, 얼마나 힘들어하겠어요? 글로 표현하게 하든지, 그림을 그리든지, 만들기를 하든지, 공감각적으로 접근하는 거죠. 동영상도 사용하고.

그럼 이번엔 기술적인 차원에 대해서 여쭤보고 싶어요. 시선 처리는 어떻게 하시는 편인가요? 내 강의를 '잘 듣는 사람'과 '잘 듣지 않는 사람'이 동시에 있을 때.

일단 시선과 동선에 변화를 주죠. 보통 6백 명 이상의 인원이 모여 있는 청소년대상의 강연장에서 강의를 하면 뒤에 앉아있는 학생들은 집중을 안 하거나 장난을 치거든요. 그래서 큰 무대 강단에서 강의할 때는 무대 아래쪽으로 내려와서 강의하기도 해요. 반대로 50명 정도 되는 크지 않은 공간이면 좌우로 움직이기도 하고, 옆에 가서 질문도 던지고. 저만 일방적으로 강의하는 것이 아니라 중간 중간 말할 수 있도록 소통하는 거죠. 그 타이밍을 포착해서 분위기를 끌어가는 거예요.

이 부분이 코치님에겐 경험으로 축적돼서 자연스러워지신 것 같아요.

사실 강의하는 단상을 벗어나서 강의하는 걸 두려워하는 강사분들도 있어요. 저는 단상이 있어도 좌우로 왔다 갔다 하며, 시선도 중간 뒤 앞으로 변화를 줘요. 자연스럽게, 암튼 좀 움직이는 편이에요. 모둠 활동을 하면 모둠으로 왔다 갔다 하는 거죠. 한 쪽에 치우지지 않고, 즉 너무 반응을 잘 한다고 해서 특정그룹에만 머무르지 않고요.

그럼, 강의하시며 가장 희열을 느끼는 순간은 언제인가요?

회중들이 제 말에 반응을 보이실 때, 달리 말해 잘 따라올 때에요. "와" 피드백을 주거나, 감탄을 할 때. 조용하지만, 고개를 끄덕이는 등의 비언어적인 행동들로 반응을 보일 때. 학습자들에게 나의 수업이 뭔가 울림이 있다는 걸 느낄 때. 그건 정말 그 공간, 그 시간에만 느낄 수 있거든요.

한 마디로 내가 전달하는 부분을 회중들이 쭉쭉 빨아들일 때인 셈이네요.(웃음)

다시 현민 장병 이야기로 돌아가 볼게요. 저는 현민 장병에게 일어난 변화가 기적 같은 일이라고 보거든요. 군에서 적응을 잘 못하던 친구가, 짧다면 짧은 군인 코칭 시간을 통해 내면이 변화되고 꿈을 찾았다는 건 말이죠. 혹시 코치님이 현민 장병을 대할 때 특별히 염두에 둔 포인트가 있었나요?

처음 만났을 때, 현민 장병은 좀 경직되고 주눅들어 보이고, 자신감이 없어 보이는 상태였어요. 그러나 하나의 임무를 주면서, 그 업무를 성실하게 하고 약속을 잘 지키면, "어머 현민씨 너무 고마워" 그렇게 잘 한 것에 대해서 '분명하게' 칭찬을 해 주었죠. 그리고 다음 수업에 대한 정보라던가 준비사항을 미리 알려주는 등 현민 장병에게 작은 미션이라도 맡기고 믿어주니 자신감이 조금씩 붙어간 거예요. 현민 장병 스스로가 '작은 성취'를 매번 쌓아갈 수 있도록 도운 셈이죠.

담당관님께서는 7회기를 마치고 나서 "내년에도 교수님과 함께 하고 싶다"고 말씀해주시더라고요. 그렇게 인연을 만드는 게 쉬운 일이 아닌데, 가만 보면 저는 만남의 복이 있어요.(웃음) 군부대 출강이 다수에게 주어지는 것은 아니거든요. 절차를 거쳐 선발 과정을 통해 출강을 하기에 강사들에게는 꽤 도전하고 싶은 강의 분야이기도 하죠.

그건 '코치님의 따뜻함, 그리고 성실함'과 연결이 된다고 봐요. 담당관들 입장에서도 코치님이 믿음직스러울 수밖에 없지 않을까요.

제가 덩치도 믿음직스럽잖아요.(웃음)

보통 군부대가 도심 복판에 있진 않잖아요. 아무래도 거주하시는 곳에서 거리가 꽤 있을 텐데, 운전하고 가시면서 무슨 생각을 주로 하시나요.

너무 행복하다··· 일상을, 도시를 벗어나잖아요. 강의를 통해 여행간다는 기분으로 먼 거리를 다녀오곤 해요. 인천 도심에서 조금만 벗어나서 강화 쪽으로 갈 땐 정말 그래요. 여름, 가을에 그곳을 지나면서 매번 감탄하게 되죠. 8월에 지나가면 해바라기가 활짝 피어있고요. 저는 워낙 사진 찍는 걸 좋아하는 편이라 내려서 사진도 찍고, 즐겁게 군부대로 향하죠. 일을 즐겁게 하자, 그게 제 모토거든요.

코치님답습니다.(웃음) 그러한 행복한 감정 외에도 특별한 목표 같은 걸 갖고 가시나요?

만남, 장병들과의 만남 속에서 그들에게 '의미와 재미와 몰입'을 주어야겠다, 그런 마음을 품고 가요. 그리고 군부대라는 곳이 일반 강의장 시설에 비해서는 다소 물리적인 환경이 열악한 상황일수도 있지만, 그저 장병들이 기다리고 있다고 생각하면 기쁨이 저절로 생겨나요.(웃음)

게다가 그곳은 우글우글 남자들만 모여 있는 곳이잖아요.(웃음)

여름엔 땀 냄새도 나죠.(웃음) 그런데 저는 두 아들을 키워서 그런지 그게 그렇게 불편하지 않더라고요.

그리고 한 가지 더 궁금한 게 있어요. 아까 말씀하실 때 군인 코칭을 마치며 허깅을 해주었다고 이야기하셨는데요. 특별히 허깅이 들어가는 이유가 있나요? 장병들 코칭에 허깅을 넣으시는 이유가 있을 것 같아요.

글쎄요… 의식적으로 허깅을 강의에 포함시키는 것이 아니라 그때 그때 상황에 맞춰 적절하게 허깅을 시도하는 편이에요. 꼭 필요한 포인트에 자연스럽게요.

저는 우리 아이들을 키울 때 신체적인 접촉을 아주 많이 해주었어요. 신체적인 접촉은 신생아의 두뇌 발달을 돕는 좋은 자극을 주거든요. 그리고 신체적인 접촉이야말로 부모가 아이에게 사랑을 전달해 줄 수 있는 가장 효과적인 방법이라고 생각했어요. 그래서 저는 어느 정도 친밀한 라포 형성이 이루어지고 신뢰가 기본적으로 쌓였다는 전제 아래, 가벼운 허깅은 상대방을 개별적인 존재로서 존중하고 있음을 보여주는 행위라고 생각해요. 상대방 역시 자신이 소중한 존재로서 여겨지고 있다는 경험을 얻게 될 수 있고요.

군부대 출강에서도 강의 후 열심히 참여한 장병들에게 서로서로 허깅을 하게끔 도와요. 저는 강의장 맨 앞에 서서 장병들에게 가벼운 허깅으로 인사를 나누죠. 간단한 허깅이지만 이 허깅을 통해 상대방을 향한 사랑, 관심, 위안, 지지, 존중을 전달하는 것이라고 볼 수 있겠죠.

다가가서 등에 토닥토닥, "현민씨 고마워요" 이렇게 표현하는 거예요. 그럴 때 저를 따뜻하게, 친근하게 느끼는 것 같아요. 아, 이분이 나를 인정해주시는구나, 라는 느낌으로 받아들이는 듯해요. 물질을 뛰어넘는 건 마음과 마음이니까요.

"만남, 장병들과의 만남 속에서
그들에게 '의미와 재미와 몰입'을 주어야겠다,
그런 마음을 품고 가요.
그리고 군부대라는 곳이 일반 강의장 시설에 비해서는
다소 물리적인 환경이 열악한 상황일수도 있지만,
그저 장병들이 기다리고 있다고 생각하면
기쁨이 저절로 생겨나요.(웃음)"

물론 요즘은 신체적인 접촉 자체를 매우 신중하게 해야 하는 시대죠. 하지만 적합한 상황에서 좋은 의도로 전달되는 신체적인 접촉은 유익하다는 연구결과들도 많이 있거든요. 예를 들어 NBA 미국프로농구 팀들 중에서 최고의 팀들은 신체적 접촉인 하이파이브, 손뼉 치기, 토닥이기, 포옹 등이 많았다는 연구 결과도 있더라고요.

영화 〈굿 윌 헌팅〉을 보면, 심리학 교수 숀(로빈 윌리엄스)이 상처 많은 윌(맷 데이먼)을 치유해가는 과정이 나오잖아요. 숀 교수가 윌에게 "그건 니 잘못이 아니야(It's not your fault)"라면서 포옹을 해주거든요. 지금 말씀하신 것처럼 포옹의 힘은 대단한 듯해요.

그리고 제가 지난번에 코치님 앞에 수식어를 붙여보라고 말씀드렸잖아요. '포옹하는' 코치는 어떨까요? 포옹하는 코치, 변코치.

더 많이 포옹해야겠네요.(웃음)

이 코치는 왠지 우리를 포옹해줄 것 같다, 라는 느낌을 주는. 사실 다 그런 걸 기대하며 살지 않을까 싶어요. 가령 우리가 신앙을 갖는 이유도 나를 완전히 포옹해줄 대상을 찾는 거잖아요. 사람은 완벽하지 않으니까. 코치님의 이야기를 들어보니, 그러한 역할을 하실 수 있을 것 같다는 생각을 했어요.

저는 모든 강의나 상담, 코칭 이후에 이메일 주소나 SNS를 공유해요. 개인적인 질문이나 전화번호를 요청하시는 분들께는 명함을 전해드리기도 하구요. 일로 시작했으니 일이 종료되면 단절 되는 것이 아니라 도움이 필요하거나 방법적인 요청을 원하시는 분들에게는 지속적으로 관계를 이어가는 것이 제 강점이라 보거든요. 어떤 사람들은 뭐 그렇게 신경 쓰냐고 하겠지만, 오히려 저는 일 외적으로 정성을 기울이는 행동들이 더 좋아요. 이러한 관계의 기술은 사람과 사람을 연결해 주기도 하고 대인관계에 있어서 원만하면서도 적절한 관계망을 이루게 해주죠. 지나간 시간들을 돌이켜보면, 제가 만나는 사람들에 대한 관심을 지속적으로 표현해줄 때 많은 분들이 좋아하셨어요. 후에 그것이 저에게 감사의 표현으로 돌아오는 일도 많았고요. 마치 부메랑처럼 말이죠. 이렇게 일 외적인 만남들 역시 제겐 보람이며 기쁨이고 행복입니다.

저희가 계속해서 나누는 이야기의 뿌리로 내려가 보면 결국 코칭이라는 것도 하나의 결과물인 것이고, 그 밑에는 '코치님이 만나는 분들과 어떠한 관계를 맺어가고 있는가'라는 커다란 물줄기가 흐르고 있지 않나 싶어요. 저는 그게 가장 핵심이라 보거든요. 한 영혼과 관계 맺는 코치님만의 태도와 자세가 코칭을 통해 드러나는 것이고, 그 자세가 '코칭을 하는 자'와 '코칭 받는 자'와의 일반적인 관계를 뛰어넘게 만드는 것일 테고요. 어찌 보면 사람들은 '강연하는 코치로서의 모습'과 '강연 후 1:1로 관계 맺는 코치님의 모습'에 어떤 일치감을 느끼지 않을까 싶네요.

만남은 그 자체로 축복이고 소중하니까요.

질문을 이어가겠습니다. 그렇다면, 코치님은 코치로서 어떠한 '바람'을 품고 살아가시나요?

저는 항상 '한결같은 사람이 되게 해달라고' 기도해요. 어제도 팟캐스트 방송을 녹음하면서 DJ를 하시는 분이 제게 "20년 후에 어떤 사람으로 기억되고 싶으냐"는 질문을 주시더라고요. 사실은 대본에 없던 내용이었는데, 제게 그냥 무의식적으로 떠오른 답은 "지역이 됐든 마을이 됐든 기관이 됐든 저는 좋은 어른이 되고 싶다"였어요. "하나님, 저는 좋은 사람으로, 그리고 한결같은 사람으로 기억되고 싶어요. 다른 사람이 갖고 있지 않은 또 다른 성품으로 기억되는 사람이 되고 싶어요. 그것이 치유가 됐든 성장이 됐든 성공의 의지를 주던, 열정을 주던, 그런 걸 전달해주는 사람이 되게 해주세요." 그렇게 기도합니다.

그리고 제 이름이 변.향.미잖아요. 제가 잘 아는 목사님이 저의 이름 세 글자를 따서 '변화, 향상, 미래'라는 키워드를 만들어 주셨어요. 제가 키워드에 의미를 담아 3행시를 지었어요.(웃음) 교육을 통한 '변'화를 일으키고, 삶의 질을 '향'상시키고, 현재와 '미'래를 연결한다. 변.향.미, 라는 제 이름으로 이런 캐치프레이즈를 만들어봤죠.

'변화, 향상, 미래'에서 "삶의 질을 향상시킨다"이라는 포인트가 특히 와 닿네요. 삶의 질이 향상된다는 건 무슨 의미인가요? 행복한 삶?

그렇죠, 삶은 정신적인 부분과 물질적인 부분으로 나뉘잖아요. 가령 내가 지금 아무것도 하고 싶지 않은 상태인데, 교육을 통해 변화가 된다면, '그래, 지금 비록 미래가 불투명하고 어려운 상황이지만 내가 뭔가 해봐야겠다'라는 식으로 용기를 얻는다면, 이것 또한 삶의 질이 바뀌는 거죠. 삶에 대한 관점이 바뀌니 행복해지 기도 하고, 이렇게 밸런스가 맞아가는 거예요. 또한, 모르는 것을 알게 되면서 '앎'에 대해서 더 충만해지고⋯ 저는 배우면 배울수 록 더 겸손해진다고 보거든요. 제 경우엔 그랬어요.

예, 그리고 '좋은' 뒤에 '어른'이라는 말을 넣으신 이유는 무엇인 가요? 좋은 코치라면 쉽게 이해가 가지만, 좋은 어른이라는 표현 은 좀 낯설거든요.

30대 중반부터 40대 중반까지는 "저도 교육센터를 하나 만들고 싶어요"라는 식의 외형적인 기도를 많이 했다면, 지금은 그것보 다는 "내 삶을 통해서 좋은 사람으로 다가가고, 좋은 영향력을 미 치는 좋은 사람이 되고 싶다"는 기도를 많이 해요. 일이 아닌 다른 부분으로 만나는 사람들에게 부담 없이 좋은 언니, 좋은 사람으로 다가가고 싶거든요. 저 분한테 가면 저런 답을 들을 수 있구나⋯ 세상을 구하는 백신 같은 정답은 비록 아니더라도 약을 처방해주 고 알려줄 수 있는 지혜로운 어른이 되게 해주세요⋯ 이 정도면 소박하지 않은가요?(웃음)

예, 소박하면서도 강렬한 바람으로 보입니다.(웃음) 그리고 코치님은 이름부터 코치로 태어나신 듯싶어요. 변화, 향상, 미래.

의미부여를 하니까, 그렇죠?(웃음)

신세대 장병들과
사이좋게 지내는 법

대한민국 국민 남성은 병역의 의무가 있지요. 물론 여성의 입장에서는 경험할 수 없는 특수한 상황이라, 저로선 군인의 삶에 대해 궁금한 점이 많기도 했습니다. 특히 우리 집은 저만 빼곤 전부남성(남편, 두 아들)이거든요. 가끔 남편이 군 복무 시절 이야기를 들려주면 두 아들이 귀를 쫑긋 세우고 남편의 말을 듣기도 했죠. 작은 아이가 군에 입대하고 훈련소에 입소하던 날, 처음 가보았던 논산훈련소가 지금도 기억에 생생합니다. 신병 훈련을 마치고 퇴소식 하는 날, 아들을 비롯한 천여 명의 장병들이 일사불란한 모습으로 줄과 열을 맞추어 행진하는 늠름한 모습이 어찌나 대단해 보이던지, 눈시울이 뜨겁게 달아오르더라고요.

최근 몇 년 사이 장병들을 대상으로 출강하는 기회가 점점 늘어나며, 신세대 장병들과 사이좋게 소통하는 내 나름의 방법 같은 게 생겨났습니다. 변 코치의 방법을 안내합니다.

1. 강의에 맛을 더하는 조미료를 섞어주기

현장에서 만나 장병들을 코칭 하다보니 장병들이 가장 어렵게 생각했던 부분이 보이더라고요. 바로 외부와의 소통단절이었습니다. 2019년 4월부터는 부대 내 핸드폰사용 허용이 돼서 일과 후 부대 내에서도 휴대폰 사용이 가능해졌죠. 사실 이전까지는 일명 '싸지방'(사이버정보지식방, 쉽게 말해 부대 내 PC방)이라 불리는 곳에 가야 비로소 온라인 접속으로 외부와의 소통이 가능했거든요.

그래서 저는 청년 신세대 장병들이 좋아할만한 잉글랜드 프리미어리그 축구소식, e-sports, 웹툰 만화, 여자 아이돌 그룹의 컴백소식 등등 강의에 맛을 더하는 조미료를 살짝 살짝 섞어가며 코칭을 진행했어요. 그러한 노력을 장병들도 느꼈는지 회기가 거듭될수록 저와의 친밀감이 두터워지기 시작하더라고요.

2. 최대한 세심하게 강의 일정을 잡기

아들이나 아들 친구들과 군 생활 이야기를 자주 하곤 했습니다. 군부대라는 특수성, 예를 들어 일찍 자고 일찍 일어나는 습관 등은 적응하기가 힘들었고 각 병과에 따른 훈련이나 매년 이어지는 혹한기 훈련, 유격훈련이 여러모로 고되다는 얘기를 들어왔죠. 그래서 강의 출강 날짜를 부대 측과 협의할 때 부대 일정을 자세히 문의하며 최대한 일정을 치밀하게 조정하는 편입니다. 강사의 스케줄을 중심으로 일정을 맞추다보면(장병들 입장에서) 무리한 스케줄을 잡게 되고, 막상 출강을 했을 때 장병들도 힘들고 강의하는 강사도 맥이 빠질 수 있거든요. 그래서 가능하다면 일정 협의에도 세심한 주의를 기울이는 것이 강사가 발휘해야 하는 지혜 중 하나입니다.

3. '작은 관심' 센스있게 표현하기

요즘 부대에서는 취침 시간 이후 자기계발을 하거나 자격증 취득을 준비하는 장병들을 위해 밤 12시까지 연등실에서 공부할 수 있는 환경을 제공하고 있습니다. 제가 만났던 한 장병은 부대에서 수능시험을 준비하고 있더라고요. 매일 해야 하는 과업을 마치고 저녁 시간을 이용해 두 시간씩 공부하며 열심히 준비하고 있다는 말에 감동이 밀려왔습니다.

"잘하고 있다"고 격려해 주고 싶어 모의고사가 실시되는 달에는 모의고사와 관련된 정보들을 미리 출력해 전달해 주기도 했어요. 저로선 작은 관심의 표현이었지만 해당 장병이 저에게 표현하는 감사의 마음에 저도 뿌듯했죠. 이렇듯 강사에게 주어진 일에만 집중하는 게 아니라 장병들이 강의 중간 중간 툭툭 내뱉는 말들에 귀 기울이며 두루두루 관심을 주는 태도는 장병들에게도 신뢰감을 주는 것 같습니다. 물론 이러한 관심은 강사 스스로가 즐겁게 수행할 수 있어야 꾸준히 이어질 수 있고, 장병 입장에서도 그러한 강사의 관심을 좋아할 때 시너지 효과가 날 수 있겠죠. 선한 도

움이라도 상대방이 불편해 하거나 좋아하지 않는다면 바로 중단
하셔야 하고요. 이런 것이 서로에 대한 존중이겠죠.

4. 즐겁게 '전우애'를 형성하는 강의

부대에 가서 강의할 때 특별히 신경 쓰는 부분이 있다면 바로 '
전우애'입니다. 군 조직의 원동력은 사기와 군기, 응집력이라고
생각하거든요. 그래서 가급적 개인적인 발표나 주장보다는 동일
한 환경에서 서로서로 이해하고 돕고 협력하는 활동들로 강의를
구성했습니다. 다양한 강의도구를 활용하는 건 필수고요. '스트레
스 받지 않으면서 재미있게', 물론 이건 어려운 부분이긴 하지만
나름 이러한 기준을 지키려고 노력했습니다. 어느 집단보다 독특
한 문화를 가진 부대 특성을 기반으로 하되 강의 시간을 통해 긴
장과 스트레스를 풀면서 많이 웃고, 더 나아가 서로에 대해 친밀
하고 돈독한 관계형성을 만드는 데 주력했어요.

5. '엄마 마음'을 작동해서 먹을 것 넉넉히 준비하기

장병들을 만나러 가는 날에는 먹을 것을 넉넉히 준비해 가곤 했

습니다. "열심히 했다"고 칭찬해주는, 달리 말해 적절한 보상을 하려는 의도였죠. 이러한 마음 기저에는 아마도 '엄마 마음'이 작동되는 것 같아요. 조금은 비싸더라도 예쁘고 맛있고 신세대 장병들이 좋아할 만한 것으로 준비했습니다. 시간이 넉넉할 땐 가끔 개별포장을 해서 나눠주기도 했고요. 행복은 거창한 것이 아닌 소소한 초콜릿 바 하나를 통해서도 전해지나 봅니다. '사랑은 초코바를 타고', 이거 마치 노랫말 같죠.(웃음)

Chapter. 5

코치로 성장하고 싶은
당신에게

오늘은 코치님이 성인이 된 후 코치로 성장하게 된 과정에 대해서 듣고 싶습니다. 어떻게 코치로 살아가기로 결정하게 됐는지 궁금하거든요. 변향미라는 사람이 이러이러한 과정으로 커리어를 쌓고 코치가 되어갔구나, 이렇게 독자들이 알 수 있도록 말이죠. 처음부터 '코치'라는 구체적인 직업을 미래의 소망으로 그리셨을 것 같진 않거든요.

예, 지난번에 간략하게 이야기를 하긴 했지만, 오늘은 좀 자세하게 이야기를 나누고 싶네요.

흠, 아이들이 태어나고 자라나며 유치원에 보냈던 시점에 '엄마인 나도 교육이 필요하겠구나'라는 생각이 들었어요. 저도 엄마역할은 처음이었으니까요. 집 주변에 있는 가까운 도서관에서부터 어떤 프로그램이 있는지 살펴보기 시작했어요. 제 예상보다 훨씬 많은 양질의 프로그램이 도서관에 개설되어 있더라고요. 아주 적은 금액으로, 때론 무료로 말이죠. 교육 받을 수 있는 '평생학습 프로그램 과정'으로 관심 있는 분야부터 배우기 시작했어요.

당시 하나하나 정말 재밌게 공부했던 것 같아요. 독서법으로 시작해서 대화법도 배웠고요. 다양한 분야의 학습 프로그램, 특히 상담과 관련된 프로그램들을 선택해서 꾸준히 들었죠. 그런 것들을 하나하나 배워가며 저 자신을 먼저 이해하게 되어 결과적으로는 옳은 선택이었다고 봐요. 또한 제2의 경력을 시작할 수 있는, 제 인생에 좋은 영향력을 끼치신 다양한 분들을 현장에서 만나는 행운을 누리게 됐죠. 그 중 한 분이 대화법을 강의한 강사님이셨는데요, 제가 강의를 수강하는 모습을 유심히 보셨나봐요. 상반기 과정을 마무리하면서 발표도 하고, 자기 성장을 공유하는 시간이 있었거든요. 그때 그 분이 제 이야기를 쭉 들으시곤 "당신은 일을 해봐도 되겠다"라는 말을 해주시며, 본인이 협회에서 이러이러한 일을 하고 있는데 "한 번 도전해보라"며 정보를 주셨어요. 제가 그 정보를 가슴에 품고 6개월 정도 기다렸다가 공지가 뜨자 바로 지원했죠. 제가 배운 것을 집에서 우리 아이들에게만 적용하는 게 아니라 '현장에 가서 사람들을 만나 도움을 주자'는 마음으로 지원했어요.

결국 집단 상담을 돕는, '상담봉사자회'로 첫 발을 떼게 됐어요. 물론 강사로 시작하면서 첫 대상은 성인과 노인이었지만 상담과 관련된 분야로서는 첫 대상이 청소년이 된 거죠. 그러면서 상담과 관련된 공부가 끊임없이 이어지게 된 셈이죠.

들다 보니 한 가지 궁금한 게, 상담에 꽂히신 이유가 특별히 있었나요?

글쎄요… 공부하는 동안 '상담'과 '심리학'이 자연스럽게 매력적으로 다가왔고, 제가 원래 사람 만나는 것을 좋아하고 사람을 향한 관심이 있었거든요. 아마도 인간을 과학적인 방법으로 깊이 연구한다는 점에서 흥미를 느낀 듯해요. 그래서 '이런 프로그램은 어떤 것일까'라는 호기심 속에 계속 관련 프로그램들을 통해 상담을 배우게 됐죠. 현장에서 적용할 수 있는 기회가 오자 바로 지원했어요. '봉사자회'였지만 교육청에 소속된 단체였기 때문에 서류심사와 면접도 있었죠. 면접을 통과하고 2008년부터 학생들을 만나는 '청소년 상담자'로 출발하게 됐어요. 그러면서 상담에 관한 일을 쭈욱 하다 보니 상담이란 분야가 공부할 게 너무 많더라고요. 상담이란 사람의 심리를 다루게 되는데 아시다시피 심리는 변수가 다양하고 많기에 공부할 분량이 대단히 많잖아요. 계속적인 공부를 하기 위해 투자되는 금전적인 비용도 비용이지만, 시간 투자도 해야 하고. 하나하나 자격증은 채워져 가는데, 자격증보다는 나에게 특화된 전문 분야가 필요하겠다 싶었어요. 그래서 결국 '대학원을 가야겠다'라는 생각을 하게 됐죠. 당시 상담을 전공할지, 교육을 전공할지를 두고 고민을 좀 많이 했어요. 고민하던 중, '나는 교육 파트로 전공하는 게 맞지 않을까' 싶어서 교육대학원으로 진학하게 됐죠.

사실 일하면서 공부한다는 것, 즉 학업 병행이 쉽지 않았어요. 2011년, 대학원에 들어가려고 했지만 몸이 좋지 않아 병원을 다니다보니 들어가지 못했고 2013년에 대학원 입학을 했죠. 평생 교육을 전공했어요. '아, 그동안 내가 끊임없이 배워왔던 것이 이러한 평생 학습의 한 분야였구나' 싶더라고요. 2년 반 동안 공부했고 2015년 8월에 학위를 받았어요.

평생에 걸쳐 있는, 모든 연령에 이르기까지, 각 세대가 교육 받을 수 있도록 콘텐츠를 제공하는 것, 그것이 평생교육인 거죠? 제가 제대로 이해한 게 맞나요?(웃음)

예, 맞아요. 요즘도 지역사회 안으로 들어가 보면, 도서관, 복지관, 센터 등에 프로그램들이 다양하게 개설되어 있어요. 어느 한 분야만, 어느 한 대상에게만 있는 게 아니라 아이, 청소년, 어른들을 위한 프로그램이 있듯이 말이죠. 그것이 바로 평생 교육인 거예요.

예, 그리고 방금 전 이야기의 흐름을 끊을까봐 여쭤 보지 못한 질문이 있습니다. 코치님이 아이를 키우시며 도서관에서 수업을 들으실 때 당시 강사였던 교수님이 유독 코치님에게 "일을 해보라"고 권유하신 이유는 무엇이었을까요?

당시 제가 출석은 100%였어요. 모범생이죠?(웃음) 저도 최근에 들었는데, 당시 제 눈에서 빛이 나왔대요. 그런 열정 같은 게 보였나 봐요. '쟤가 정말 간절하게 하고 싶어서 왔다'라는 게 느껴졌던 거겠죠. 그렇다고 저만 유독 예뻐하신 건 아닌 것 같고, 모든 사람에게 정보를 주셨는데 저는 그 정보를 흘려보내지 않았던 거라고 봐요. 관심이 있는 분야였고 '할 수 있겠다'는 생각이 들었기 때문에, 선생님이 주신 정보를 잘 기억했다가 찾아냈던 것 같아요. 저에게는 그 정보가 간절하기 때문에 그걸 끝까지 가슴에 저장하고 있었던 거죠. 게다가 저는 선택한 것을 실행에 옮기는 추진력이 매우 빠른 편이거든요. 반면, 어떤 경우엔 포기도 과감하게 하는 편이고요.

물론, 누군가는 관심이 없어서 흘려보낼 수도 있고요.

왜 그렇게 간절하셨나요?

내가 잘 하는 게 무엇인지, 내 역량이 어디에 있는지를 찾고 싶었거든요. 변향미라는 존재에게 주어진 길을 찾아 행복하고 의미 있는 삶을 살고 싶다는 목표가 간절했어요.

사실 누구나 그렇진 않거든요. 게다가 아이들을 키우는 상황이셨잖아요. 아이들을 키우는 긴박한 상황에서, 그러한 마음이 꿈틀댔다는 게 한편으로 신기하거든요. 어찌 보면, 육아로 묻어 놨던 마음이 표현됐다고 봐도 될까요?

어쩌면 제가 이기적일 수도 있었겠지만 저에게 주어진 한번 뿐인 인생을 위해서라면 '가족에게 정중히 양해를 구하고 제가 하고 싶은 일을 찾아 공부하는 것'도 나쁘지 않다고 생각했죠. 내가 하고 싶은 것을 접지 않고, 저 자신의 가슴에서부터 울려 퍼지는 음성에 충실했던 것 같아요. 내가 하고 싶은 게 있으니 억누르지 않았죠. 물론 당시엔 아이들이 어리다는 점이 장애물이라면 장애물이었지만 충분히 커버할 수 있었어요. 아이들이 유치원에 갔을 때 공부하고, 돌아왔을 땐 같이 놀면 되는 거잖아요. 또한 아이들이 잠들면 공부할 수 있는 시간이 있었고요. 이렇게 하루 24시간을 충실하고 효율적으로 활용했어요.

이런 생활이 가능했던 건 건강한 제 몸도 한 몫 했죠. 게다가 남편이 육아를 잘 도와주었던 게 상당한 힘이 되었어요. 새벽에 일찍 일어나서 아이들이 울면 남편은 늘 분유를 타서 먹였을 정도니까요. 너무나 감사하죠. 저는 애들이랑 하루 종일 씨름하다가, 공부하다가 잠이 들면… 사실 애들이 새벽에 배가 고파 울어도 잘 몰랐어요. 그 연년생 애들을 남편이 새벽에 너무 잘 돌봐주었죠. 헌신적인 남편의 외조가 있었기에 제가 공부에 전념하고 하고 싶은 꿈을 향해 흔들리지 않고 노력할 수 있었다고 봐요. 단순히 제가 열심히 하고, 제가 잘해서 꿈을 향해 걸어갈 수 있었던 게 결코 아니에요.

맞아요, 꿈을 향해 우직하게 걸어가려면 주변 사람들의 지지와 격려가 필수적이라고 봅니다. 그리고 대학원 시절 학업에 대해서 좀 더 자세히 듣고 싶습니다. 그때부터 본격적인 학업이 시작된 셈이잖아요.

예, 본격적인 공부가 시작됐죠. 일주일에 두 번. 오랜만에 캠퍼스에서 공부를 하게 됐다는 설렘은, 저를 정말 행복하게 했죠. 일과 학업을 병행해서 몸은 힘들었지만, 공부하러 가는 시간만큼은, 정말 행복했어요. 일 마치고 출석하느라 지각이야 가끔 했을지 몰라도 결석은 한 번도 안 했어요. 논문을 쓰고 합격했다는 통보를 받던 날, "우리 변향미 선생은 한 번도 결석 안 했어. 대단해요 우리 변향미 선생님"이라고 담당 교수님이 칭찬까지 해주셨죠. 암튼, 그 시간은 가족에게도 양해를 받은 시간이었고 학교에 가서 3-4시간씩 밤10-11시까지 공부하면서, 새로운 앎을 채워갔죠. 같이 공부하는 선후배, 동료들을 통해 서로의 분야를 알아가는 재미도 대단했고요. 물론 논문을 쓰던 기간은 힘들었지만, 최선을 다해 썼고 결국 통과했죠.

아, 당시 경험한 배움의 기쁨이 고스란히 전달이 되네요. 논문의 제목과 주제는 무엇이었나요?

〈평생 교육 강사의 프로티언 경력태도와 경력몰입의 관계에 대한 무형식 학습 활동의 매개효과〉입니다. 제목이 어렵죠?(웃음)

어려워도 보통 어려운 게 아니네요.(웃음) 설명 부탁드려요.

학습은 구조화된 교육 프로그램의 유무에 따라 '형식적 학습'과 '무형식적 학습'으로 나눌 수 있어요. 가령, 형식적 학습 같은 경우는 초중고 과정 중에서 전통적인 학교에 가서 배우는 공부를 말해요. 무형식적 학습의 관점에서는 '저와 작가님 사이의 인터뷰'도 학습으로 볼 수 있죠. 서로가 서로의 삶의 이야기를 통해 성장하고 깨달음을 얻고, 서로 주고받으니까요. 이런 것들을 무형식적 학습이라고 해요. 스터디나 컨퍼런스도 마찬가지예요. 그런 것들이 강사의 경력 몰입에 어떠한 영향을 주느냐, 그것에 대한 논문이었던 셈이에요. 당시 제 논문의 독립 변수가 뭐였냐면, 프로티언 경력 태도였어요.

프로티언 경력태도는 무슨 의미인가요?

프로티언 경력태도란 개인이 자신의 경력을 자기 주도적으로 관리하고, 가치지향적인 경력을 추구하는 성향을 의미해요. 외부의 지시와 조언에 의존하는 것이 아니라 가치지향적인 태도와 자기 주도적인 태도를 보이는 거죠. 즉 '심리적 성공'에 초점을 맞추는 경력을 말해요.

좀 더 쉽게 설명하자면, 전통적 경력에서는 '승진과 급여 인상' 등이 경력 목표였다면 프로티언 경력태도에서는 자유와 개인적 성장과 심리적 성공에 경력목표를 두는 것이죠.

예, 이제 좀 이해가 가네요.(웃음) 그럼, '경력 몰입'이라는 건 무슨 말인가요?

경력 몰입이란 '경력'과 '몰입'으로 이루어진 합성어인데요. 제가 경력을 계속해서 한 단계 한 단계 올려 가기 위해서 공부를 꾸준히 해왔잖아요. 이렇게 계속해서 몰입해 가는 거죠. 커리어에 관련된 자격증을 하나 둘씩 따고, 대학원도 진학하고… 이렇게 경력 몰입이 되는 거죠. 일생에 걸쳐 자신이 선택한 일과 관련된 활동들에 애착을 가지고 자신의 경력을 개발하기 위한 전문지식과 태도를 수립하며 실천하는 것, 다시 말해 경력 목표를 달성하고자

하는 동기부여의 정도를 의미한다고 볼 수 있어요. 즉, 자신이 스스로 계획하고 설정한 경력목표를 동일화하고 애착심을 갖는 정도를 의미한다고 볼 수 있겠죠.

용어 하나하나는 이제 좀 이해가 갑니다. 그렇다면, 이 논문 제목 자체가 의미하는 건 대체 뭔가요?(웃음) 짧게 요약하자면요.

흠, 저의 경력을 쌓아오게 된 과정을 연구주제로 연구하고 싶어서 논문 주제로 선정해 봤어요. 제가 강사 생활을 하면서 경력 몰입을 해왔잖아요. 그런데 제가 경력 몰입을 하는 과정에서 무형식 학습이 많은 도움을 주었어요. 그런 것들이 저에겐 분명 효과가 있다고 가설을 세웠지만, 그것이 정말 설문을 돌렸을 때, 내가 예측한 것과 똑같이 나올 것인가, 그것을 검증해본 것이죠. 논문을 쓰며 강사들을 대상으로 설문을 돌렸거든요. 그런데 역시나 강사 생활을 하는 사람들은 저와 같은 태도를 갖고 강사 활동을 하는 사람이 많은 것으로 통계 결과가 나온 거죠. 나름 제가 쓴 논문이 '개인의 경력관리'와 '평생교육기관의 성과측면'에 있어 유의미한 시사점을 제공하기도 했고요.

그렇다면, 평생학습 강사가 경력몰입을 하는 과정에서 프로티언 경력 태도를 갖는 게 학습에 좋은 영향을 끼친다, 라는 거죠? 제가 잘 정리했나요?(웃음)

예예, 그런 겁니다.(웃음) 특히 저와 같은 프리랜서는 일반적인 직장인들과 달리 조직에 소속되지 않잖아요. 자연스럽게 자신의 경력개발을 위해 자발적이고 수시로 학습 활동을 하게 되죠. 또한 스스로 계획하고 실행한 결과에 대한 평가와 함께 가치지향적인 주관적 인식수준을 갖게 되고요. 즉, 경력에 더 몰입하게 된다는 것입니다. 이렇게 노력하는 자세와 태도가 일관적일 때 지속적인 경험을 쌓을 수 있고 실력도 높아지겠죠.

그렇다면 이 논문에는 '배우는 전문가로서의 변향미'가 나타난다고 볼 수 있네요.

예, 제가 걸어왔던 길 하나하나가 그렇거든요.

소위 세상에서 말하는 이분법적인 잣대, 즉 성공과 실패의 기준으로 바라보지 않고, 자연스러운 삶의 과정 중에 주어진 환경을 탓하거나 남들과 비교하지 않고, 좋아하는 것을 찾아가며 가치를 추구하는 것. 그러한 과정을 통해 스스로의 삶을 행복하게 만들기 위해 배우고 또 배움을 통해 꾸준하게 성장해 온 것. 사실 이것이야말로 제가 걸어온 삶이거든요. 과거의 모든 성공과 실패의 경험도 훗날에는 자신의 미래에 디딤돌로 작용하잖아요. 모르는 것이 부끄러운 게 아니라 모르는 것을 모른다고 말하지 못하는 것을 부끄러워해야 하죠.

다양한 학습 활동을 하며 경험한 타인과의 대화나 협력, 타인과의 자료 공유, 전문 서적 탐색, 인터넷 검색 활용, 그리고 자기 성찰 등은 제가 많이 활용했던 학습유형이기도 해요.

한편으로, 논문 쓰시는 데 고생을 좀 하셨을 것 같아요.

예, 일과 학업을 병행하느라 4학기 만에 졸업을 못하고 한 학기를 더 다녔어요. 도저히 못 쓰겠다 못 쓰겠다 회피만 하다가, 더 이상의 회피는 안 되겠더라고요. 그래도, 끝까지 마무리는 해야 할 것 같아서, "교수님, 논문 쓰겠습니다" 했죠. 지금 하라면 못 할 것 같아요. 그때는 일하면서 밤새 논문 쓰고. 설문지 받을 땐 정말 동분서주하면서 설문지 뿌리고. 감사하게도 주변의 많은 지인들, 친구, 동료 등 여러 분들이 도움을 주셔서 잘 끝났죠. 과정도 중요하지만 결과도 중요하기 때문에, 좀 깔끔하게 마무리하고 싶다는 마음이 컸어요. 지금도 논문을 쓰고 대학원을 졸업을 한 것에 대해서는 스스로를 칭찬해주고 싶어요.

이어서 질문 드릴게요. 2년 동안 수업을 들으시면서 기억에 남는 순간이 있다면?

저희 지도 교수님께서 평생 교육과 관련된 책을 많이 내셨는데요. 그 책을 통해 평생 교육 실천론을 이야기하시면서 본인의 경험담과 지나온 과정도 이야기해 주시고, 그러면서 저희 대학원 동기들의 삶에 대한 부분을 계속해서 인정해 주셨어요. 동시에 미래 지향적으로 이 교육을 통해서 어떠한 교육적인 아웃풋을 할 수 있는지 끊임없이 자극을 주셨죠. 교수님이 워낙 책을 많이 읽으시니까, 꼭 필요한 책을 추천해주셨어요. 당시 절판된 책을 구매해서 공부하기도 했고, 공부하면서 '배우는 전문가가 되어야겠다'라는 결심을 굳혔죠.

그리고 일상에서는 제가 늘 강의를 하는 입장이지만 다시 학생으로 돌아갔던 거잖아요. 발표는 부담이었지만, 발표 후 피드백을 받을 때 미처 몰랐던 부분을 깨닫게 되면서 앎에 대한 성취가 뿌듯했죠. 때론 좀 창피해도 지식적으로 새롭게 채워지는 부분이 있어 행복했어요. 솔직히 같이 공부하던 동기들 숫자가 많지 않다보니 매주 반복되는 과제 발표가 버겁기도 했어요. 그래도 한 번도 펑크 내지 않고 발표했던 건 기억에 많이 남아요.

결국 핵심은 배움 같네요. 배움이라는 게 코치님에게, 코치로서 중요한 키워드로 보여요. 여전히 배움에 대한 희열이 있으시고, 배움 자체를 통해 성장하는 느낌을 즐기시는 듯싶거든요.

그렇다면, 대학원 생활을 하신 게 코치 생활에 있어 어떤 도움을 주고 있나요?

연결고리를 찾자면, 조금 더 강의의 질적인 면에서 나아지지 않았나, 그게 가장 큰 부분이죠. 단순히 학위를 땄다는 데서 오는 만족이 아니라, 제 강의와 코칭의 균형을 잡아줄 수 있는, 다시 말해 이론과 현장의 조화가 더 잘 이뤄지게 된 게 가장 큰 성과였다고 생각해요. 교육을 하는 강사에게 있어 이론과 현장의 조화는 정말 중요한 포인트거든요. 그래서 주변 선생님들한테도 "가능하다면 대학원 진학도 좋고, 아무튼 꾸준히 공부하면 좋겠다"는 조언을 해요. 주변 선생님들도 종종 저에게 "대학원을 다니기 전과 후가 달라졌다"고 하시거든요.

그럼 학부 때 전공하신 교육학과 공부는 대학원 때 하신 학업과 잘 연결이 되셨나요?

예, 아무래도 낯설지가 않으니까요. 사실 제가 20대에 배운 공부와 대학원에 와서 배운 공부의 차이는 크죠. 대학생 시절 존 듀이의 교육관을 들을 땐 듣는 것으로 그쳤다면, 이제는 현장에서 만나는 다양한 학생들이나 학습자들이 있으니 다르죠. 좀 더 그들의 눈높이에 맞춰서 프로그램을 구성하게 되고, 자연스럽게 그 프로그램 안에 이론이 녹아들도록 구조화도 하고요.

어쨌든, 학부 때나 대학원 때나 중심에는 교육이 있었네요.

예, 맞아요.

그렇다는 건, 코치님이 누군가에게 자신의 이야기를 던지고 내가 갖고 있는 가치관들을 통해서 다른 사람들을 성장시키고 싶어하는 마음이 있으신 거잖아요. 그런 부분들은 삶 가운데 계속 흘러왔던 가치들인가요? 교육이란 건 단순히 나만 채우려는 게 아니라, 다른 사람들의 삶에 영향을 주는 행위잖아요.

저는 어릴 때부터 꿈이 교사였어요. 나도 가르치는 사람이 되어서, 나를 만나는 사람이 나를 통해 또 다른 꿈을 꿀 수 있도록 하고 싶었어요. 나를 만나는 사람들에게 따뜻한 교사가 되고 긍정과 열정과 에너지를 줄 수 있는 사람이 되고 싶었거든요. 그래서 끊임없이 교육의 현장 속에 있었던 거죠.

골치 아픈 질문을 하나 드릴게요.(웃음) 그렇다면, 코치님이 생각하는 교육이란 무엇인가요?

끌어내주는 거죠. 잠재적인 가능성을 발견하도록 끌어주는 것. 본래 사람들이 다양한 역량을 가지고 있잖아요. 그런데 그것을 어떻게 활용할지 몰라서 쓰지 못하고 있는 사람들에게, 자신에게 있는 역량조차 발견하지 못하고 머뭇거리는 사람들에게 "당신에게 이런 능력이 있습니다. 잘할 수 있습니다" 이렇게 긍정적인 메시지를 통해서 할 수 있다는 효능감이나 자신감을 끌어내 주는 거죠. 그리고 '정말 나란 사람은 누구인지' 정체성을 찾아갈 수 있도록 돕는 것이고요. 그것이 교육이 아닐까 싶어요.

교육에도 여러 종류가 있잖아요. 사람마다 좀 더 잘할 수 있는 교육이 있을 테고요. 예를 들어, 교육이란 게 수학 교육일 수도 있고, 영어 교육일 수도 있고, 기독교 교육일 수도 있겠죠. 코치님은 수많은 교육 중에서도 '한 사람의 잠재력을 끌어내주는 교육'을 향한 열망이 느껴져요. 단순히 "이렇게 살아!"가 아니라 자기도 모르고 있는 보석 같은 걸 끌어내 주고 싶어 하는 느낌이랄까요.

맞아요, 저는 자신감과 용기를 주고 싶어요. 그리고 자기 자신을 알도록 돕는 것. 자신에게 있던 보석을 끌어내주며 '나도 시도할 수 있고 내게도 희망이 있다는 것'을 알려주는 거죠.

그 보석이란 걸 구체적으로 말하자면 각자가 내면에 품고 있는 저마다의 강점, 흥미, 열정, 가치 등이 될 수 있겠죠.

"너가 얼마나 괜찮은 녀석인데"라고 알려주는 셈이네요.

예, 맞습니다.

계속해서 격려해 주고, 스스로를 직면할 수 있게 해주고…

예, 코치인 저는 코칭을 하며 잠재적인 가능성을 끌어내고 용기를 북돋아 줄 때 자기중심적으로 하는 게 아니라, 상대방과 함께 맞춰가며 하나하나 끌어내는 거죠.

그게 코치의 역할이라고 봐요.

자기 자신을 안다는 건, 더 구체적으로 말하자면 '자기 자신이 가지고 있는 잠재력을 아는 것'이네요. 그것을 알 수 있도록 계속해서 끌어내주는 게 코치의 역할일 테고요.

"저는 어릴 때부터 꿈이 교사였어요.
나도 가르치는 사람이 되어서,
나를 만나는 사람이 나를 통해
또 다른 꿈을 꿀 수 있도록 하고 싶었어요.
나를 만나는 사람들에게 따뜻한 교사가 되고
긍정과 열정과 에너지를
줄 수 있는 사람이 되고 싶었거든요.
그래서 끊임없이 교육의 현장 속에 있었던 거죠."

거기엔 본인의 적성이나 흥미, 그리고 강점, 장점, 가치관들이 다 포함된다고 볼 수 있겠죠. 다각도로 자신을 바라볼 수 있게끔, 그것이 검사가 되었든 다양한 활동을 통해서든, 질문을 통해서든, 자신이 알고 있는 모습과 타인이 보는 자신의 모습을 체크하며 그 모습들을 수용해가는 겁니다. 자기 자신에 대한 것을 바르게 찾아갈 수 있도록 돕는 존재가 바로 저에요.

그렇다면, '자기 자신의 모습을 존중하는 것'과 '그럼에도 불구하고 변화되어야 하는 것' 사이의 긴장감은 어떻게 조절해가야 할까요?

사람들은 살아가면서 자기를 직면하는 게 가장 힘들죠. 그래서 나이가 들어가며 고집 같은 게 생기기도 해요. 그렇지만 정말 성장하고 성숙하기를 바라는 사람은 그런 부분을 정확하게 받아들이죠. 저는 거기에 차이가 있다고 봐요. 누군가의 조언이나 충고를 받아들여 개선하려고 노력하는 사람이 있는 반면, "그래 알았어요, 당신 잘났어요"라며 무시하거나 회피하는 사람도 있겠죠. 내가 그런 모습이 있다고? 정말 그런가? 그렇다면, 내가 한 번 노력해볼까? 하며 고집을 버릴 수 있는 선택 능력이라고 할까요, 그렇게 노력하면서 개선하는 사람이 진정 용기가 있는 사람이고 변화될 가능성이 이미 충분한 사람인 거죠.

그런 다양한 것들에 반응하지 않고 '나는 나대로 살 거야'라고 한다면, 그렇게 살 수도 있겠지만 자신의 성장과 성숙에는 마이너스라고 봐요.

비교하기보단 '나는 그렇구나'라며 얼마나 노력할 수 있느냐. 거기에 중점을 두고 싶어요. 그걸 알면서도 안 하는 사람과 깨닫고 노력하는 건 큰 차이죠.

저는 알면서도 안 하는 사람 같네요.(웃음)

하하하. 하고 싶은 일에는 방법이 보이고, 하기 싫은 일에는 변명이 보인다고 하잖아요. 내가 달라지겠다고 노력하는 사람에게는 방법이 보이지만, 부인하고 회피하는 사람에게는 변명이 보이는 거죠. 열정이 얼마나 있는가, 여기에서 성장과 성숙의 차이가 오는 거죠.

나 자신을 있는 그대로 존중해 줄 수 있는 마음과, 그것을 한 번

박차고 일어나고 싶은 마음, 그 둘 사이의 적절한 긴장감이 중요
하겠네요.

예, 계속 거기에 머물 순 없으니까요.

오늘의 인터뷰는 '코치님의 코치로서의 시작점'에 대한 이야기
로 시작을 했지만, 결국 '배움과 교육'이라는 것에 대한 이야기로
마무리가 된 느낌입니다. 제가 이야기하면서 깨닫게 된 건, '아, 배
움이라는 건 나를 알고 내가 더 채워져야 함을 인정하는 데서 시
작하는구나'라는 겁니다. '이것에 대해서 내가 배움이 필요하겠구
나'라는 인정.

즉, 배움이라는 건 '성장에 대한 열망'이 있어야 가능하지 않을
까 싶어요.

그것이 없으면, 그냥 거기에 정체해 있는 거죠.

또 한편 성장이란 건, 부정적인 의미로 쓰이기도 하잖아요. 특

히 경제 성장에 씌어진 부정적인 프레임도 있고요. 그렇다면, 코치님이 궁극적으로 사람들을 통해 이루어내고 싶은 '성장의 방향'은 무엇인지 들어보고 싶습니다. 나는 사람들이 이러한 성장을 하도록 돕고 싶다, 라거나 나는 내 안에서 이러한 성장을 이루어내고 싶다, 라는 것 모두요.

일단은 건강한 삶을 사는 것, 그리고 건강한 사람이 되는 게 중요해요. 즉 '굿 라이프.' 몸과 마음과 정신이 건강해야 일도 할 수 있고 사랑도 할 수 있잖아요. 우선 건강한 사람이 되었으면 좋겠어요. 그 안에는 행복도 있어야 하고, 건강한 자존감도 중요하겠죠.

건강한 사람으로 살아갈 수 있는, 그래서 사랑도 하고 일도 하고, 생생하게 꿈을 꿀 수 있도록 하는 것. 그것을 이끌어주는 역할이 또한 변향미라는 코치로서의 성장이겠죠.

이것을 압축할 수 있는 단어는 굿 라이프 아닌가 싶네요. 코치님은 거기에 도달하는 과정을 위해 필요한 성장을 돕는 거고요.

코치님이 늘 강조하시는 '행복'이란 단어가 역시나 등장했습니

다.(웃음)

　행복은 큰 게 아니고, 행복 그 자체죠. 이 순간도 행복하잖아요.
나만 행복한가?(웃음) 내가 이 장소에서 작가님과 함께 만나서 얘
기할 수 있다는 것도 행복이고요. 행복을 너무 크게 생각하지 않
았으면 좋겠어요. 행복이 일상으로 들어와 그 안에 감사가 자리잡
았으면 좋겠어요.

　그래서 누군가는 행복의 의미를 '우리 삶에 우연히 찾아와 준
것들에 대한 발견'이라고 하잖아요.

　우리 삶에 우연히 찾아와 준 것들에 대한 발견, 너무 멋진 말이
네요. 저도 마음에 잘 간직해야겠습니다.

저의 삶을 '결혼 전'과 '결혼 후'로 구분해 본다면 결혼 후 정말 많은 경험과 경력을 꾸준히 쌓아왔다는 생각이 듭니다. 그 과정에서 전문적인 학습공동체도 이룰 수 있었고요. 그 사이 상담사, 코치, 강사, 교수 등등 다양한 직함들이 생겨났습니다.

세상에는 다양한 분야에서 활약하는 전문가들이 넘쳐나죠. 4차 산업혁명시대를 살아가는 요즘은 유튜브 채널을 전문적으로 운영하는 유튜버들의 활동이 특히나 활발합니다. 전문가expert 란 용어를 사전에서 찾아보니 '자기 분야에서 지식과 경험을 이용하여 새로운 문제 해결 방식을 추구하는 과정에 있는 사람으로 의사나 변호사 같은 전문 직종을 가지지 않더라도, 각 분야의 전문가가 될 수 있으며 자신의 분야에 대한 통찰력과 모험정신을 가지고 끊임없이 노력하는 사람이며 팀워크를 통해 더욱 효과적인 수행을 한다'라는, 꽤나 긴 정의가 나와 있더군요. 많은 사람들이 전문가가 되고 싶어 하고 저 또한 전문가로 거듭나기 위해 부단히 노력해 왔습니다. 어떤 방식으로 어떤 길로 가야 하는지에 대해 알고 떠났다면 좋겠지만 "이렇게 해라, 저렇게 해라"라는 식의 방법은 단지 참고만 했을 뿐입니다. 저는 저의 길을 잘 걷고 있는지 끊임없이 묻고 물으며 걸어왔거든요. 나 자신을 이해하려고 노력했고 스스로를 학대하거나 자책하지 않았습니다. 그렇다고 자신을 동정하지도 않았습니다. 그랬기에 불안하지 않았고 즐겁게 준비해 올 수 있었죠.

많은 사람을 만난다는 것은 매우 감사한 일이기도 하지만, 다른 관점으로 보면 상대방을 향한 경외심을 갖고 마주하는 순간이기에 많은 에너지가 필요한 순간입니다. 일대일로 진행하는 코칭이건 다수의 청중과 함께하는 집단 코칭이나 강연이건 매순간 상대방을 향해 마음과 귀와 눈을 동원하여, 즉 혼신의 힘을 다해 함께한다는 점에서는 동일합니다.

코칭을 준비하던 시기에 공부한 내용들은 지금도 또렷하게 기억이 납니다. 그것은 저의 코칭과 강의, 상담의 기본기를 갖추게 했고, 이러한 원칙에는 지금도 변함이 없습니다. 제가 정의하는 전문가는 '탄탄한 기본기를 갖추어 한결같이 자신의 색(色)을 잃지 않는 사람'입니다. 여기서 제가 말하는 탄탄한 기본기를 '코칭 철학'과 연결해서 이야기하고 싶습니다. 제가 지금부터 이야기할 코칭 철학의 3요소가 바로 코칭의 기본이라고 할 수 있습니다.

첫 번째, 모든 사람에게는 무한한 가능성이 있다는 것을 믿는 신뢰입니다. 저는 이 말에 전적으로 동의합니다. 제 삶의 전반적인 신념 같은 요소이기 때문입니다. '무한한 가능성'이라는 잠재력을 향해 신뢰와 지지를 보낼 때 사람들은 변화와 도전을 향해 뛰어들며, 두려움이나 걱정에서 벗어나 성장할 수 있습니다. 저는 이러한 사례를 자주 경험했습니다.

그렇다면, 질문을 드려 보겠습니다.

Q. 이글을 읽고 계신 당신에게는 어떤 가능성이 있나요?
　5가지만 찾아서 적어 볼까요?

A.

두 번째, 모든 사람에게 무한한 가능성이 있다면, 그 답은 그 사람 내부에서 찾을 수 있다는 소신입니다. 소신이 있다는 것은 스스로 소중한 사람임을 믿는 데서 시작됩니다. 그로부터 자신이 가능성이 있음을 믿기 시작하게 되고, 무엇이 옳고 그른지를 판단할 수 있는 긍정적인 자신감이 넘치게 됩니다.

우리의 힘은 우리의 내면에 있습니다. 그러므로 믿음을 잃지 말며 흔들리지 마십시오. 두려움과 믿음에는 공통점이 있는데, 그건 바로 아직 일어나지 않은 미래라는 점입니다. 두려움이라는 것은 부정적인 미래를, 믿음이라고 하는 것은 긍정적인 미래를 말한다면, 과연 둘 중 하나를 선택해야 한다면 여러분은 어떤 선택을 하시겠습니까? 저는 긍정적인 믿음을 선택하겠습니다.

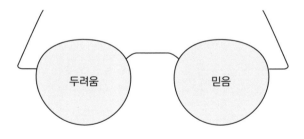

"인생은 B(Birth, 탄생)와 D(Death, 죽음) 사이의 C(Choice, 선택)"이라는 한 철학자의 말처럼 우리의 인생은 우리가 선택하는 것입니다. 수능시험에 출제되는 답안지에는 완벽한 정답을 제출해야 하지만 우리가 살아갈 인생에 어찌 완벽한 답안지가 있을 수 있을까요. 어떤 답안지를 제출하든 당신이 제출하는 답안지의 선택은 모두 정당화 될 수 있음을 신뢰하세요. 단, 실패는 당신이 한층 성장할 수 있는 기회를 제공할 수 있음을 믿고 기다리면서 준비하시기 바랍니다. 어느 새, 삶은 당신의 손을 들어 줄 것입니다.

세 번째, 해답을 찾기 위해서는 지혜로운 파트너가 필요하다는 것을 알고 이상을 품는 것입니다. 그동안 코칭했던 많은 분들에게 강조했던 이야기가 있습니다. "코치인 나뿐 아니라 평상시 관심 있던 분들을 만나기 위해 부지런히 노력하라"는 이야기였습니다. 즉, 당신의 꿈을 이루기 위해 행동하라는 말입니다. 꿈을 이루고 해답을 찾기 위해 필요한 것은 정보입니다. 그러나 꿈과 정답을 찾고 싶지만 자신이 하고 싶고 관심 있는 분야의 환경과 전문성에 대해서는 잘 알지 못하는 경우가 많습니다. 그래서 가능하다면 직접 정보를 찾기 위해 적극적으로 움직여야만 합니다. 물론 내가 만나고 싶은 분야의 인물이 정말로 저명하거나 유명한 사람일 경우에는, '바빠서 못 만나주겠지?' 하고 포기하거나 체념하기 쉽습니다. 그러나 스스로 단정 짓기보다는 일단 적극적으로 만날 수 있는 방법을 찾을 수 있도록 시도해 보라고 권유해주곤 합니다. 자신의 삶에서 가치 있다고 느끼고 생각하는 일에는 1초도 지체하지 말고 노력하라고 말이죠. 앞으로의 길을 내다볼 때 필요한 건 걱정이 아니라 판단과 행동이기 때문입니다.

제가 개인 코칭을 했던 고등학생이 있습니다. 그 학생에겐 꿈이 있었는데, 그 꿈을 도울 수 있는 존재가 바로 모 대학의 교수님이 었습니다. 어떻게 해야 할지 방법을 몰라 고민이 많던 학생에게 저의 경험을 사례로 코칭해주었습니다. 그 교수님을 만나고 싶다면, 해당 대학 홈페이지에 학과별로 지도 교수님의 연구실 전화번호와 이메일 주소가 명시되어 있으니 이메일 상으로라도 먼저 안부 메일을 보내보라고 조언했습니다. 이후 진행되는 상황은 어찌 될지 아무도 모르는 것이니까요. 불가능하다고 생각하기보단 자신의 이상이 현실이 될 수 있다는 믿음으로 계획을 세워 과감하게 진행해 본다면 원하던 꿈이 이루어질 수 있기 때문입니다.

저는 그동안 제가 만나고 싶었던 분들을 실제로 많이 만났습니다. 제가 자신 있게 코칭 할 수 있었던 이유도 '내 가슴에 품은 이상에 따라 꿈이 이루어 질 수 있다'고 믿는 신념이 있었기 때문입니다. 이런 믿음 덕분에 제 인생이 달라졌습니다.

여러분에게 질문을 하나 드리고 싶습니다.

Q. 당신의 주변을 탐색해 볼 때 당신과 함께할 파트너가 될 사람은 누구일까요?

A. 당신의 파트너가 될 5명을 찾아보고 이유도 작성해 보세요.

이름	그의 분야	선정하게 된 이유	적용하고 실천할 영역	메모

꿈을 크게 꾸세요. 그래야 미래에 대한 비전을 세울 수 있고 당신의 꿈을 실현하기 위해 행동할 수 있습니다. 그리고 여러분에게 여러분을 믿어주는 사람이 있다는 것을 알게 될 때 생각한 것 이상의 소중한 성취를 이루어낼 수 있게 됩니다.

"할 수 있다고 믿는 사람은 그렇게 되고
할 수 없다고 믿는 사람 역시 그렇게 된다."

_ 샤를 드골

Chapter. **6**

공부하는 전문가
변향미입니다

지난번 인터뷰 때 '코치가 되기까지의 과정'을 나눠주셨죠. 그리고 오늘 인터뷰를 준비하며 다시 한 번 코치님이 보내주신 코치님의 경력을 보게 되었습니다. '아, 이 많은 자격증은 언제 다 따셨지?'라는 기본적인 질문이 밀려오더라고요.

대체, 그 많은 자격증은 언제 다 따셨나요?(웃음)

틈틈이?(웃음) 지금도 관심 있는 분야가 있고 내가 진행하는 강의에 필요하다면 끊임없이 배워야 한다는 생각엔 변함이 없어요. 지금이야 온라인 강의가 대세가 됐지만, 제가 결혼했던 당시 1995년만 해도 온라인 강의란 게 거의 없었거든요. 직접 찾아가서 시간과 비용과 노력을 들여서 해야 하는 과정이 많았고, 3개월이나 6개월, 길게는 1년을 투자해야 수료증이나 자격증을 수여하는 과정이 많았죠.

지난 인터뷰 때 말한 것처럼 '나란 사람은 무엇을 잘하고, 또 무엇을 하며 살 것인가' '어떤 삶이 좋은 삶이고 또한 어떻게 살아야 행복한 삶인가'에 대한 고민을 치열하게 했어요. 책을 통해서 궁금한 게 생기면 인터넷 검색도 해보고, 그와 관련된 강의가 열리면 최선을 다해서 배웠죠. 매일 아침 두 아이들 유치원에 등원시키고 나면 바로 준비해서 강의장으로 달려가 강의를 듣고, 3-4시간 공부하고 강의가 끝나면 집으로 부지런히 바로 와서 아이들 맞이하고. '도전자'이자 '학습자'이자 '무언가를 배우며 꿈꾸는 비전을 가진 사람'으로, 시간과 계획을 준비해온 거죠. 육아나 집안일로 바빠도 내가 하고자 하거나 배우고 싶은 일에 대해서는 핑계대고 싶지 않았거든요.

공부하고 싶은 분야를 하나 마치고 나니, 그렇게 작은 성취가 하나하나 쌓이고 나니, 그것들이 성장을 향한 작은 원동력이 되더라고요. 나 너무 잘 했어, 또 하나 배워볼까? 이렇게 계속해서 하나하나 전문적으로 쌓아갔어요. 그렇게 여러 가지를 배워 나가다가 '이쪽 영역이 맞겠다' 싶은 부분으로 가지치기가 되고, 체계적인 접근을 하게 된 거죠. 상담과 관련된 자격증 과정을 특히 많이 배웠어요. 에니어그램, MBTI, 교류 분석, 다중지능, 홀랜드, 평생교육사, 사회복지사 등등 많은 분야들에 관련한 자격증을 하나씩 쌓아가며 나 스스로도 안정적인 사람으로 구축이 되어갔어요.

그 모든 과정이 저에겐 기쁨이고 삶의 활력소이자 비타민이었죠.
'도전자'이자 '학습자'이자 '무언가를 배우며

"'꿈꾸는 비전을 가진 사람'으로,
시간과 계획을 준비해온 거죠.
육아나 집안일로 바빠도
내가 하고자 하거나 배우고 싶은
일에 대해서는 핑계대고 싶지 않았거든요."

코치님이 늘 강조하시는 단어 중 하나가 '작은 성취'에요. 저도 '작은 성취'가 얼마나 중요한 것인지 자주 느끼곤 합니다. 그리고 코치님은 스스로를 잘 칭찬해주시는 듯싶어요. 그렇게 스스로를 칭찬하시는 이유나, 그렇게 스스로를 칭찬하는 습관을 가지시게 된 계기가 있나요?

지금도 저희 집 아이들은 제가 스스로를 칭찬하는 모습을 보며 "우리 엄마 또 시작됐다"라며 웃곤 해요. 그야말로 자화자찬이죠. 하지만 그건 나에 대한 격려 혹은 자기 돌봄의 토닥임이에요. 작은 성공과 성취의 경험이 많아야 '할 수 있다'라는 자존감, 시작할 수 있는 원동력이나 동기 부여가 생길 수 있는 거잖아요. 그렇게 꿈을 꾸게 되고, 비전을 찾게 되면서 '내 사명이 이것이다'라는 지점에 도달하게 되는 거죠.

타인의 외조, 타인의 칭찬, 이런 것도 물론 중요하지만, 내 안의 작은 성취의 경험이 자꾸 나를 일어서게 하는 힘이 되는 것 같아요. 내게 너무 어려워서 못 할 거라고 생각했는데 해보니 되는 거죠. 계속해서 나를 칭찬해주고, 격려해주고, 그렇게 하니 제가 더 즐거워지고 제가 더 긍정적으로 변하는 것 같아요. 나를 향한 자존감이 사람을 변화시키고 성장시키는 거죠. 고난과 역경이 와도 이겨낼 수 있는 힘도 만들어주고요.

대다수의 사람들은 자기 자신의 성취를 보잘것없다고 여기곤 하죠. 다른 사람들의 성취는 꽤나 대단히 여기면서도 말이죠. 하지만 백날 다른 사람이 칭찬해주어도 자기 스스로를 칭찬하지 못한다면, 소용이 없잖아요. 자기 스스로가 칭찬을 걷어차는 것이나 다름없으니까요. 나 자신을 토닥이는 건 인생에 아주 중요한 포인트라고 봐요.

자기 자신에 대한 사랑, 이것은 이기적인 게 아니에요. 엄마가 건강해야 아이의 건강도 챙길 수 있는 거고, 엄마가 행복해야 아이의 행복도 챙길 수 있는 거니까요. 내가 행복하지 않은데, 아이의 행복만을 위해서 노력한다? 그건 아니라고 봐요. 저는 자기 자신에 대한 응원, 자기 자신에 대한 격려, 그것이 타인을 향한 응원과 격려로 메아리친다고 봐요. 긍정의 힘은 한 사람보다 두 사람, 두 사람보다 세 사람이 있을 때 확장되잖아요. 마찬가지로 내가 자신을 격려해주고 인정해주고 사랑해주고 아껴주며 토닥여줄 때 그것이 '건강한 사람', '힘이 있는 사람', '사랑의 힘을 가지고 주변 사람을 돕고 실천할 수 있는 사람'이 되게 해주는 거죠.

생각만 하면 안 되죠. 한 발자국을 뗄 수 있는 용기가 중요하잖아요. 그래서 저는 부모 교육을 할 때도 "작은 칭찬과 격려를 자녀들에게 해주라" "집에서 적절한 칭찬을 해주라" 이런 메시지들을 열정적으로 던져요. 저희 어머니가 그랬어요. 저를 보며 단정적으로 "안 된다" 하신 적이 없거든요. 늘 "할 수 있어"라는 메시지를 심어주셨죠. 제가 강사로 꿈을 전환하기로 했을 때도, 어머니께서는 저를 임신하셨을 때 꾸셨던 태몽이야기를 들려주시곤 하며 늘 "잘 될 거야"라는 긍정의 피드백을 주셨어요. 그런 긍정적인 어머니의 훈육방식으로 자란 덕분에 저 역시 긍정적으로 아이들을 양육하는 엄마가 된 것 같아요. 아이들을 다그치거나 호통치지 않고 "그래, 잘 할 수 있어"라는 긍정의 메시지를 줄 수 있게 된 거죠.

사실 저희 어머니는 자녀 칭찬에 인색한 편이었어요. 제가 뭘 하려고 하면 "니가?"라는 말을 습관적으로 하셨거든요. 속으로는 제가 자랑스러우면서도, 그걸 겉으로 표현하는 걸 어색해하시는 편이었죠. 그래서 저는, 저 스스로를 칭찬하는 시간을 의도적으로 가지곤 했어요. 그런데 부모의 칭찬을 받으며 자란 아이들은 그 과정이 좀 더 순조로울 듯해요. 자연스럽게, '난 할 수 있다'라는 마음 같은 게 심어져 있는 셈이니까요.

물론 저희 어머니도 저처럼 칭찬을 많이 해주신 분은 아니었어요. 때론 과묵하시고 엄격하신 분이었거든요. 때론 차갑기도 했고요. 그런데 그러한 것들이 제겐 큰 도움이 됐어요. 때론 자유롭게,

때론 차갑게 저를 대하시며 양 날개를 균형 잡으셨거든요.

어머니의 영향 때문인지 저 역시 위로가 필요한 사람한텐 위로의 에너지를 주고, 사랑이 필요한 사람한테는 사랑을 주고, 뭔가 도전을 해야 하는 사람한텐 용기를 주고 있어요. 부모님께 받은 풍족한 사랑에서 온 장점이라고 볼 수 있죠.

코치님께 어머니의 존재는 정말 절대적이라는 생각을 한 번 더 해보게 됩니다. 다시 '자격증' 이야기로 돌아와 볼게요. 코치님께서 자격증을 하나하나 쌓아나가신, 일종의 노하우를 알 수 있을까요? 가령, 성실함은 필수일 테고요.

일단 자신이 배우고자 하는 게 뭔지 정확하게 알아야 해요. 내 관심이 어디에 있느냐를 파악해야죠. 일단 내 관심이 어디에 있는지를 정확히 찾아서 공부를 해야 해요. 그리고 단순히 공부로만 끝내기보다는, 공부를 끝내면서 자격증까지 얻을 수 있다면, 플러스 요인이 될 수 있잖아요. 관심 있는 분야를 찾고 하나를 이수하게 나면, 또 다른 뭔가가 배우고 싶어져요. 하나 했으니 쉬어 가자, 가 아니라 또 다른 단계를 향해 올라가보자, 라는 마음이 드는 거죠. 그러면서 그 외에 필요한 것들을 하나하나 쌓게 되는 거예요.

아무리 자격증을 따는 게 좋다고 한들, 내가 배우고자 하는 욕구가 없다면 무슨 의미가 있겠어요. 저는 배우는 과정을 즐겼어요. 좋은 과정들을 함께 한 네트워크도 있었고요. 그 분들과 커뮤니티를 이루어서 하나를 마치고 나면 또 다른 걸 배우는 거죠. 다른 과정으로 계속해서 이어지는 거예요. 배움의 현장에서 만난 분들은 지금도 서로 응원하며 가고 있죠. 각자 필요한 부분이 다르더라도 함께 할 수 있는 부분은 함께 배우는 거예요. 동료가 있기 때문에 함께 가자, 힘내자, 그렇게 전진할 수 있거든요.

가령 사회복지사나 평생교육사 자격증은 필수와 선택 교과목 이수를 통해 평균 점수를 획득한 후, 자격증 발급에 필요한 현장 실습까지 해야 자격증이 발급돼요. 훈련하는 현장을 찾아야 하고, 실습 기간이 있죠. 그런 현장을 막상 혼자 알아보려면 막막하잖아요. 그럴 때 함께 알아보는 거죠. 과정이 끝나면 함께 성취감을 누리고요. 성취를 이루고 나면 보통 뿌듯함도 있지만 아쉬움도 있잖아요. 그런 마음도 공유하면서 배움의 공동체를 이뤄가는 거예요.

코치님을 보면 배움에 대한 열정이 굉장히 뜨거우세요. 그리고 배움을 향한 열정을 통해 관계를 만들어가신 거잖아요. 일종의 배움의 공동체를.

그렇죠. 학습 공동체.

저는 그게 중요한 포인트라고 봐요. 어찌 보면 피곤할 수도 있 잖아요. 서로 스케줄도 맞춰야 하고, 때로는 학습 공동체 안에 나랑 안 맞는 사람이 있을 수도 있고요. 하지만 학습 공동체가 만들어져야 각자가 '진짜 발전'을 할 수 있을 듯해요.

제가 서른 후반쯤 방송통신대에 입학한 것도 그 이유 때문이었어요. 공부하다보니, 조금 더 체계적인 접근이 필요하다고 느꼈거든요. 아이를 키우고 있고, 아이들도 공부해야 할 때인데 나까지? 그런데도 마음은 자꾸 공부를 향했어요. 당시만 해도 집을 거점으로 해서 스터디를 만들어줬거든요. 새롭게 학습 스터디가 구성되면 일주일에 한 번 만나서 함께 공부하는 거죠. 때론 돌아가면서 발제하고, 때론 틀에 박힌 공부가 아니어도 다양한 주제로 이야기를 나누는 과정을 통해 자연스럽게 학습이 이루어지기도 했고요.

제가 지난번에 '무형식 학습'에 대해 말씀드렸잖아요. 공부하면서 깨닫지 못했던 것들을 오히려 대화를 통해서 깨닫게 되는 거죠. 다른 사람의 생각을 통해 그 사람의 가치를 발견하게 되기도 하고요. 타인과의 상호작용을 통해 경험을 공유하는 경험학습은 정말 훌륭한 자양분이 되기도 됐어요.

　그런데 이 모임을 지속적으로 이끌어 가려면, 공부도 중요하지만 누군가는 양보도 해야 하고, 누군가는 맛있는 것도 좀 사줘야 해요.(웃음)

　코치님이 그런 역할을?

　그렇죠.(웃음) 그리고 방송통신대에 오는 분들은 정말 공부를 열심히 하시더라고요. 아마 공부 안 하던 사람들도 방송통신대에 와서 공부하시는 분들 보면 마음이 바뀔 거예요. 정말 공부를 하고 싶고, 공부가 필요해서 오신 분들이기 때문에 치열하게 공부하는 거죠. 다소 학습을 수행하는 부분은 속도가 더디더라도, 삶을 통해 학문을 이해하기 때문에 풀어내는 힘이 있으신 거죠. 저를 봐도 그래요. 30대에 강의할 때와 지금이 다른 건, 30대 시절엔 지식으로 전달하는 강의를 했다면 지금은 경험과 사례로 풀어내니까 사람들의 가슴을 더 깊게 울리는 거죠.

　사실 공부가 재미있다는 걸 모르는 분들도 많잖아요. 의무적으로 공부를 해야 할 때가 많으니까 그렇죠. 코치님의 경우, 정말 하고 싶은 공부를 찾아서 하신 케이스잖아요. 이걸 하니 저게 보이고, 저걸 해보니 또 다른 게 발견되고, 그런 식으로요.

하고 싶은 공부를 계속해서 찾아갔어요. 남들이 한다고 해서 따라가지 않았고요. 그것이 아니다 싶으면 과감히 포기했죠. 그래야 저도 에너지를 비축할 수 있으니까요. 저라고 맨날 공부만 할 수 없잖아요. 저의 꿈과 도전도 중요했고 가정을 건강히 꾸려 나가는 것도 중요하기에 일과 가정의 균형을 적절히 잡는 것이 우선순위에 있었어요.

정말 학습이란 게 시간 싸움이잖아요. 특히나 한창 아이가 클 때는 시간과 체력을 쪼개 쓰셨겠네요.

정말 그랬죠. 지금 돌아보면 '열심히 살아왔음'에 칭찬 받고 싶은 부분이기도 해요.

코치님은 지금도 '배우는 전문가'로 살아가시잖아요. 배움을 통해 도달하고자 하는 지점이 있을 듯해요. 지난 인터뷰 때 말한 것처럼 '좋은 어른'일 수도 있고요. 계속해서 나로 하여금 배우게 만드는 동력은 어디에 있나요?

내 천직을 찾아서? 사명 혹은 소명? 그걸 정확히 구분하긴 어렵지만 제가 도달하고 싶은 지점은 저의 천직이에요. 저만의 천직을 찾고 싶어요.

그건 어떤 의미인가요?

지금도 저는 강의를 하며 행복하고 만족하지만, 제 강의에서 좀 더 '이 일이 정말 천직이다'라고 느낄 수 있는 지점을 향해 가는 거죠. 나는 뭐가 되고 싶고, 그런 것보다 나의 천직을 찾는다면… 그렇다면 내가 마을의 어른이면 어떻고 다른 일을 하고 있으면 어때요.

제 말의 의미가 전달이 잘 되고 있나요?(웃음)

예, 방금 하신 말씀 충분히 이해가 갑니다. 가령 저는 지금 전기 작가를 향해 가고 있지만, 계속해서 더 많은 사람들의 삶을 듣고 책을 읽는 이유는, 여기서 더 파고들어가고 싶은 지점이 있어서겠죠. 지금 하고 있는 일들이 사명이 아니다. 그런 차원이 아니라 내가 서있는 곳에서 더 깊게 뿌리내리려서 하고 있는 일들을 더 다듬고 싶은 거죠.

예, 맞아요.

조금 화제를 돌려 코치님께 다른 질문을 드리고 싶어요. 지난 인터뷰들을 통해 다양한 대상의 코칭에 대해서 이야기를 나눴잖아요. 그런데 '공공기관에서 공공기관 직원들을 대상으로 하시는 코칭'에 대해서 질문드리지 못했더라고요.

공공기관에서는 주로 어떤 코칭을 하시나요?

구청이나 지자체 산하 기관들에 주로 출강해요. 가령, 구립 어린이집이나 육아 종합센터라든지. 구청, 공공기관, 그런 곳들에 주로 출강했죠. 특별히 홍보를 하거나 다니면서 제 강의를 홍보해본 적은 없어요. 소개를 받고 들어가면, 관계자분들이 자꾸 저를 다른 곳에 소개해주시는. 그런 식으로 강의가 확장이 됐어요. 저 혼자만의 능력이나 노력이 아니라, 정말 여러 담당 기관 관계자의 노력이 저를 만들어가고 있는 거죠.

그럼 구청 같은 곳에 가면 주로 어떤 코칭을 하시나요?

직원들을 대상으로 할 때는 기본적으로 일련의 조직생활을 하기 위해 받아야 하는 교육을 진행해요. 일반직 공무원들이 받아야 하는 교육, 즉 기본적인 소양 교육을 진행하고 있고요. 지자체마다 시행하는 부서 단체 프로그램들이 있는데, 사업기관들이 기초적인 소양 교육을 해달라고 요청하거나, "우리 공동체에 소통이 잘 안 되는데 도와주세요"라는 식의 요청을 받고 강의를 진행하기도 해요.

그러면, 공공기관에서 하시는 교육을 좀 더 자세히 설명해주실수 있을까요? 가령, 소통 교육 같은 경우는 어떤 프로그램을 진행하시나요?

먼저 출강요청이 많은 '소통교육'을 말씀 드릴게요. 예전에, 그러니까 처음 강의를 시작하고 소통 교육을 할 때는 앨버트 메라비언 Albert Mehrabian 이란 학자가 말한 '소통의 법칙'을 활용하면서 이론적으로 접근을 했죠. 즉, 당시엔 전달식 위주로 강의를 했다면 지금은 조금 다른 방식으로 강의를 하는 편이에요. 가령 요즘 유행하는 영화의 한 대목을 캡쳐해서 그 대목을 함께 시청하면서 각자의 입장에서 뭘 느꼈는지를 묻고 함께 답을 찾아가는 식으로요. 조금 더 건강하게 소통을 하기 위해서는 무엇을 해야 하는지 모색해보기도 하고요.

한편 중. 장년층을 대상으로 하는 재교육, 그러니까 인생의 2막, 베이비부머 세대들을 위한 재교육도 해요. 시에서 운영하는 사업 교육 중에서 베이비부머 세대들을 위한 생애 교육이 있거든요. 생애 발달 과정에 따른, 흔히 말하는 신중년들을 위한 교육이죠. 거기엔 자기 이해라든가, 인생 설계에 대한 내용이 포함됩니다. 건강이나, 경제 등등 삶에서 아주 중요한 요소들의 균형을 어떻게 찾을 수 있을 것인가에 대해 맞춤식 입문 소양교육을 실시하기도 하죠.

특별히 공공기관에 코칭을 나가실 때 좀 더 유의하신다거나 신경 쓰는 부분은 없을까요?

사실 직무나 소양 교육 같은 것이 의무인 경우는, 공무원들이 가장 강의하기 어려운 대상들이긴 해요. 의무적으로 교육을 받아야 하니까요. 그래도 시간을 일부러 내서 온 분들이니 가급적 많이 들었을 법한 이야기들은 빼고, 시대적인 흐름을 반영할 수 있는 내용과 커리큘럼으로 구성하려고 하죠. 너무 경직된 교육보다는 대화도 하고, 그룹핑 작업을 통해 스스로를 새롭게 볼 수 있도록 해요. 집합 교육에 갈 때는 강의장 세팅을 모둠으로 세팅해달라고 부탁을 드리죠. 나 혼자서 듣고 돌아가는 게 아니라 함께 공유하고 이야기하며, 집단 지성의 힘을 발휘할 수 있도록. 그런 부분에 중점을 두면서 강의를 진행합니다.

집단 지성이라는 게 적절한 표현 같네요.

혼자서 곱씹는 것과 서로 이야기를 주고받는 건 완전히 다르니까요. 그 두 가지 요소를 적절하게 조합하여 강의를 구성하는 거죠. 보는 걸 좋아하는 분한테는 보는 걸로 만족을 주고, 대화를 좋아하는 분들에게는 대화할 시간을 드리면서 유익한 시간을 드리는 식으로. 내가 비록 의무적으로 들어오긴 했지만 남는 게 있었다, 라는 느낌을 주려는 거죠. 내가 좀 생각해보고 곱씹을 만한 게 있다, 라는 생각을 심어주고 싶어요. 그냥 와서 잠만 자고 가지 않

도록.(웃음)

모둠별로 나눔을 할 때 보면, 모둠별로 차이가 크잖아요. 누가 봐도 화기애애한 모둠이 있고, 전혀 소통이 안 되는 모둠도 있을 수 있고요. 그럴 땐 어떻게 하세요?

그럴 땐 제가 촉진 역할을 하죠. 대부분 모둠 안에 발표력이 있는 특정 사람이 주도하는 경향이 있어요. 그런데 그렇다고 해서 그 모둠이 좋은 건 아니에요. 너무 한 사람이 주도하면, 다른 사람들의 이야기를 들을 수 없거든요. 전 강의 전반의 흐름을 봐서, 울타리를 쳐주는 역할을 해요. 가령, "한 명 당 발표시간 3분을 넘지 않도록 해주세요" 이런 식으로요. 항상 모둠에 리더를 세우며 적절하게 설계를 하는 거죠. 만약 말하기를 너무 버거워하는 분이 계시면, 눈치껏 가서 말을 거들어 드리죠. 그가 입을 열고 스타트를 끊을 수 있도록.

강사가 옆에 오면 오히려 부담스러워 하지 않나요? 코치님이 모둠에 오면 모둠 구성원들이 코치님을 의식할 수도 있잖아요.

그런데 그렇게 의식하는 게 반드시 나쁜 것만은 아니에요. "잘 썼네요"라고 격려하기도 하고요. 너무 한 사람이 주도하고 있으면 골고루 하실 수 있도록 돕고요. 잘 안 되는 부분이 있으면 가서 돕고, 이제 잘 돌아간다 싶으면 다른 모둠으로 가고요. 그것들은 아무래도 저의 경험에서 자연스럽게 나오는 것 같아요. 강사는 오감이 잘 발달되어 있어야 해요. 한 모둠에만 관심을 주면 안 되고 적절하게 관심을 전달해야 합니다. 예전에 진행한 한 청소년 대상 강의에서 "강사님은 한 사람만 예뻐했다"는 피드백을 받은 적이 있어요. 나는 분명 그러지 않은 것 같은데, 어쨌거나 누군가는 그렇게 느꼈다는 게 중요하잖아요. 그래서 이제는 철저하게 신경을 쓰죠.

그러한 피드백을 남긴 친구는 굉장히 서운했나 보네요. 아니면 그 강의에 굉장한 애착이 있었던지.

그랬나 봐요. 제가 발표를 안 시켜서 서운했을 수도 있고요. 그래도 그런 피드백을 줬기 때문에 저 스스로도 생각할 수 있는 계기가 됐죠. '난 분명 그런 적이 없는데?'라고 생각하는 게 아니라, 다시 한 번 나의 강의를 체크할 필요가 있겠다, 라고 생각했죠. 한마디로 저를 점검할 수 있는 계기가 됐어요. 내적 성찰의 시간이었던 셈이에요.

　이어서 질문 드리고 싶습니다. 공공기관 교육에 오는 분들은 아까 말씀하신 것처럼, 아무래도 의무적으로 오다보니 의욕이 좀 떨어질 수 있잖아요. 그런데 어느 강의에 가든지 간에 반응이 시원찮은 집단이 있을 것 같아요. 그러할 때, 이런 집단을 대하는 프로 강사로서의 자세는 어떠해야 하는지 듣고 싶습니다.

　프로들은 다르잖아요. 달라야 하고요. 아마추어야 투덜댈 수도 있겠지만 말이죠.

　제가 이전 인터뷰를 통해 강조했던 부분들이 여기에도 적용이 돼요. 저는 그래서 항상, 프로그램을 담당하는 팀장과 강의 전 사전조율을 철저하게 해요. '교육을 받는 대상이 누군지' '몇 명 정도 강의장에 오는지' '남녀 구성은 어떻게 되는지' 등등. 가령 사전에 어떤 분들이 강의에 참가하시는지 전혀 모르고 갔는데 남성분들만 앉아 있으면 당황스럽잖아요. 세세하게 물어보는 거죠. 그런 것들을 토대로 철저히 준비해요. 아무리 내가 여러 번 간 센터라고 해도, 여러 번 물어봐요. 소통을 주제로 강의할 때도, 소통의 어떠한 부분을 어떠한 영역에 맞춰야 하는지 파악하는 거죠. 저는 항상 강의계획서를 보낼 때, "그 외에 따로 하실 말씀이 있다면 사전에 미리 연락을 주세요"라는 메시지를 붙여요. 그래야 실패율을 낮출 수 있거든요. 최근 모 기관에 초청되어 강의를 하러 갔는데 기관 담당자로부터 "이번 연수에는 그룹 토의, 발표 등은 가급적 진행에서 제외해 달라"는 요청을 받았어요. 편하게 듣고만 있을 수 있게 해달라는 요청이었던 거죠. 이렇게 세부적인 요청도 미리 파악하는 게 중요해요.

보통 본격적인 강의가 시작되면 청중들과 함께 분위기를 따뜻하게 조성하면서 조곤조곤 저만의 스타일로 강의를 전개합니다. 어느새 청중들은 적극적으로 분위기를 주도하기도 하고 그룹을 중심으로 활발한 주제 내용의 토의와 대화가 일어나죠. 한번은 저와 친한 강사 분이 강의에 참관을 오신 적이 있었는데 강의 후 저에게 "선생님, 선생님은 어떻게 강요하지도 않고 청중들이 자발적으로 참여하게 만드세요?"라고 질문하시더라고요. "글세, 나도 잘 모르겠어. 사전에 철저히 기획하며 강의를 설계한 게 이유라면 이유 같아"라고 답해주었죠. 강의를 한 번 하더라도 뻔한 강의가 아닌 호기심을 유발시키는 내용으로 진행하는 거예요.

또한 '소신 있게 참여해도 된다는 가능성의 문'을 열어두는 것이 중요해요. 가령, "혹시 오늘 컨디션이 안 좋으시거나 마음이 불편한 부분이 있으시면 언제든 거절의 표현을 해도 됩니다"라고 미리 언급을 하는 거죠. 이러한 말을 듣는 청중들 입장에서는 강사가 자신들의 마음을 읽어주는 느낌을 받게 되거든요. 그게 곧 강사에 대한 신뢰로 이어져 마음을 열게 되죠.

그리고 강의를 마무리할 때는 현장에 계신 몇몇 분께 반드시 소감을 여쭈어봅니다. 사실 만족도 설문지에는 거의 좋은 평가를 해주기 때문에 가급적 저는 현장의 소리를 듣고 제 강의에 반영하는 편이에요. 강사 초보시절에는 강의 후 피드백을 받는다는 것이 굉장히 신경 쓰이는 부분이기도 하여 조금이라도 안 좋은 평가가 있기만 해도 속이 상하고 심적으로 부담을 많이 받았거든요. 하지만 오래도록 강의를 하면서 느낀 점이 있다면, 강의에 대한 평가는 강의를 직접 하는 강사 자신이 더 잘 안다는 거예요. 또한 청중들이 거의 정확한 평가를 해준다는 사실입니다. 그래서 저는 현재도 매번 강의 후 청중 다섯 분 정도께 꼭 질문을 드려 강의 후 어떤 생각의 변화가 있으셨는지, 어떻게 적용과 실천을 하실 것인지 질문을 드리면서 마무리를 합니다.

누군가에게 나의 강의를 피드백 받는다는 건 쉬운 일이 아닐 수 있죠. 하지만 끊임없는 성장과 변화에 대한 노력이 있어야만 진정한 강사로, 그리고 코치로 성장할 수 있을 거라고 봐요. 사실 강사야말로 자신의 강의를 통해 엄청난 변화를 겪게 되거든요. 강사 스스로도 보이지 않지만 쑥쑥 성장하며 자란답니다.

비유하자면, 소비자 조사를 철저히 하시는 거네요.(웃음)

그분들이 원하는 교육을 제가 해야 하니까요.

그리고 코치님이 하신 말씀을 요약하자면, '철저한 준비'가 양질의 강의를 이끌어낼 수 있는 중요한 포인트 아닌가 싶어요.

강의 초반이 중요해요. 저는 사전에 담당자님과 철저히 협의를 한 후 강의장에 들어갔을 때 처음 분위기를 굉장히 중요시해요. 도입 첫 부분에 공을 많이 들이죠. 그런데 그렇게 공을 들인 10분이 뒤에 이어지는 강의 2시간을 책임질 수 있는 원동력이 되거든요.

강의 초반 10분을 통해서, 강의 참석자들의 마음의 문을 여는 셈이네요.

예, 강의장에 오신 분들이 편안한 마음을 갖게 하는 게 중요해요. 강의에 왔을 때 부담을 갖지 않게 하는 것. 저도 그렇고, 상대방도 편하게 만들어야 강의가 잘 되거든요. 오늘도 작가님과 인터뷰를 하기 전 부모 교육을 시작했는데 담당자님께 연락이 왔어요. "너무 잘 하셨다"라는 피드백이었죠. 다회기로 진행되는 강의를 처음 시작하는 날은, 더욱 더 공을 들여요. 제 강의를 보고 들은 많은 분들은 이걸 두고 저의 장점이라고 말해주시더라고요.(웃음)

한 마디로 밭을 기름지게 다지는 셈이군요.(웃음)

예, 저도 편하고 듣는 분들도 편하게 다가갈 수 있도록. 그것이 저의 장점으로 보여지는 것 같아요.

그리고 전 이런 것도 일종의 성실함과 연결된다고 생각해요. 강사를 평가하는 요소는 여러 가지가 있겠지만 그 다양한 평가요소 중에서 정말 중요한 요소는 성실함이라고 보거든요. 강사로서 "성실하다"고 인정받게 되면 그 부수적인 효과는 생각보다 꽤 유용합니다. 요즘처럼 강사와 코치가 많은 경쟁시대에 좋은 강사로 평가받는 건 정말 어렵지요. 반면에 성실한 강사, 부지런한 강사, 믿을 수 있는 강사라는 평가를 받는 것은 각자가 스스로를 어떻게 주도적으로 관리하느냐에 따라 얼마든지 가능합니다.

저는 '성실한' 강사, '성실한' 코치로 평가받고 싶어요.

이어서 드리고 싶은 질문이 있어요. 내가 무언가를 열심히 준비해왔는데도 분위기가 뻑뻑할 때는 어떻게 하시나요?

막상 교육을 해보면, 뻑뻑한 분위기보다는 무기력한 사람들을 만날 때가 힘들어요. 그것은 그 집단의 특성인 거죠. 무기력하고 우울하고 자존감이 떨어지는 집단을 만날 때 강의가 만만치 않아요. 저는 그럴 때 마음의 준비를 엄청 하고 가요. 가서 토닥여주죠. 청소년 같은 경우 '대안 교육 교실'을 진행할 땐 마음의 준비를 나름 단단히 해요. 기대치도 적정하게 맞추고요. 즉, 너무 과한 기대는 내려놓는다는 의미입니다. '오늘 내가 만나는 아이들이 기대만큼 반응을 안 보이더라도 실망하지 말자. 그 아이는 내가 싫어서 그러는 건 아니야'라고 생각하며 가는 거죠. 준비한대로 천천히 하자. 오늘 할 것만 정확하게 던지고 오자. 그렇게 생각을 하죠.

지금 듣다 보니 굉장히 중요한 포인트가 하나 보이네요. 바로 "기대치를 적절하게 조정한다"라고 말씀하신 부분이에요. 터무니 없이 100, 200의 기대치로 가는 게 아니라, 내가 만나는 집단에 맞취서 현실적인 기대치를 잡고 가는 것. 그건 좋은 강의를 하기 위해 아주 중요한 요소로 보이네요.

예, 맞아요. 처음 강사생활을 할 때는 '나는 이 정도로 준비하고 섰는데, 내가 기대한 반응이 안 보이네?' 싶을 때 가장 힘들었어요. 어느 정도 강사로서 자리매김을 해가면서 새롭게 깨닫게 되는 건, 프로그램 대상에 따른 기대치를 적절하게 조율하는 겁니다. 유연성이 필요해요. 특히 무기력하거나 자존감이 낮고 우울한 집단과 함께하는 프로그램을 진행할 때는 꼭 필요한 강의 팁이기도 해요.

저로서는 생각지 못한 대답이네요.

숫자로 표현을 하자면, 50 정도 수행할 수 있는 사람들에게 제가 100을 요구한다면 듣는 사람 입장에서도 얼마나 부담스럽겠어요. 50에서 무려 50을 더 올려야 하니까요. 제가 조금만 유연성을 발휘하면 되는 거잖아요. 제가 파트너 강사랑 같이 진행할 때는 항상 "너무 완벽하려고 애쓰지 말고, 기대치를 적정 수준에 맞추고 강의에 들어가면 아이들이 눈에 들어오고 예쁘다"라고 조언해요. 그런데 자꾸 '얘는 왜 이걸 못하는 거야'라고 생각하며 비교하다 보면 힘들어지는 거죠.

코치님 이야기를 듣다보니 저를 돌아보게 되네요. 상대방에게 맞는 기대치로 바라보면 예쁘게 볼 수 있는데 말이죠.

지금까지 다수의 고등학교에서 대안교실 프로그램을 진행하면서 저도 그걸 터득했어요. 저의 기대치가 아닌 학생들이 바라는 기대치로 설정하면 그 아이들이 변화되는 모습이 보이거든요. 그런데 그 아이들은 겉으론 표현을 못 해도 다 느껴요. 가령 선생님 출석부를 교탁에 갖다놓는다던지. 그런 것까지 다 해주거든요. 그럴 땐, "고마워"라면서 꼭 표현을 해주죠.

이어서 아까 이야기하신 부분을 다시 한 번 나누고 싶습니다. 아까 말씀하실 때 "울타리를 쳐준다"는 표현을 하셨잖아요. 모둠별로 나눔을 할 때 그 사람들이 그 시간에 정말 마음껏 자신을 표현할 수 있도록, 큰 울타리를 쳐주는 게 코치의 역할이 아닐까 싶네요.

예, 울타리라는 건 '안전' '보호'에 대한 것이잖아요. 그리고 나와 함께한 사람들의 건강한 시간을 위해서 그건 꼭 필요한 거죠. 울타리는 경계를 긋고 통제하기 위한 것이 아니라 서로가 서로에게 존중과 배려를 하기 위해 필요한 거예요. 강사인 저에게도 마찬가지고요.

예, 코치님. 어느새 마지막 질문입니다. 오늘도 또 한 번 여쭤보고 싶어요.(웃음) 코치님 앞에 수식어 하나를 붙인다면, 어떤 수식어를 붙이고 싶으신가요?

글쎄요…(웃음) 평소에는 동료나 지인들 별칭 짓기를 잘 하는데 인터뷰를 하려고 하면 수식어를 말하기가 참 어렵단 말이죠.

제가 정할게요. 온기를 전하는 코치. 이거 어떠신가요?

아, 따뜻할 온(溫), 이라는 한자도 가능하고, 영어로 'ON'도 가능하겠네요.

와우, 영어 'ON'도 가능한지는 몰랐습니다.

'OFF'가 아니라 'ON'인 코치가 되고 싶거든요.

길을 찾고 싶은
그대에게

내 모습이 보이지 않아 앞길도 보이지 않아
나는 아주 작은 애벌레
살이 터져 허물벗어 한번 두번
다시 나는 상처 많은 번데기 추운 겨울이 다가와
힘겨울지도 몰라 봄바람이 불어오면
이젠 나의 꿈을 찾아 날아 날개를 활짝 펴고
세상을 자유롭게 날거야 노래하며
춤추는 나는 아름다운 나비
날개를 활짝 펴고 세상을 자유롭게 날거야
노래하며 춤추는 나는 아름다운 나비

혹시 이 노래를 들어보셨나요? 여러분도 잘 아시는 윤도현 밴드의 〈나는 나비〉라는 노래의 한 대목입니다. 많은 사람들이 좋아하는 노래이고 저 역시 강의할 때 자주 인용합니다. 가끔은 강의 중간에 부르기도 하는 노래이죠. 그런데 최근, 초등학생들이 이 노래를 꽤나 잘 알고 있고 심지어 좋아한다는 사실을 알고 깜짝 놀라기도 했습니다.

다시 시선을 대한민국의 현실로 돌려봅시다. 현재 대한민국 수많은 사람들이 구직을 버거워합니다. 단순히 청년세대 뿐 아니라 거의 전 연령에 걸쳐 구직은 중요한 이슈가 되어버렸습니다. 그렇다면, 그 이유는 무엇일까요?

첫째, 고령화 시대로 접어들며 중, 장년 이상의 노년층에게 있어 먹고 사는 문제가 삶의 문제로 떠올랐기 때문입니다. 이러한 문제는 이른바 노인의 4고(苦)와 맞물려 있는 추세입니다.
둘째, 취업난으로 허덕이고 있는 청년층들이 취업을 못한 채 계약직과 아르바이트를 전전긍긍하고 있는 최근의 취업동향 때문입니다.
셋째, 대한민국 청소년들이 꿈을 찾기 위해 필요한 진로와 진학 프로그램들이 전보다 발전하고 있음에도 불구하고 여전히 부족하기 때문입니다.

저는 현재 대한민국 교육현장에서 생생하게 강의하며 다양한 학생과 교사 그리고 학부모들을 만나고 있습니다. 그러나 안타깝게도 모든 계층의 현장에서 들을 수 있는 답은 여전히 힘들고 어렵다는 것입니다. 학생들과 학부모들은 시시때때로 변하는 입시제도로 인해 불안함을 감추지 못하고 있으며 학교 현장에 계신 교사 역시 마찬가지로 진학과 진로문제에 있어서 많은 고민을 안고 있습니다. 특별히 중학교 교사들은 자유학년제 프로그램 실시 확산과 함께 다양한 프로그램을 통해 학생들의 꿈과 끼를 기르는 데 주력하고 있습니다. 하지만 교육청과 지자체의 여러 고충들과 맞물려 쉽지 않은 문제이죠. 게다가 학부모들은 학생들이 공부를 등한시 한다는 이유로 학원 현장으로 자녀들을 내몰기도 합니다. 무분별하게 홍수처럼 쏟아져 나오는 정보들도 한몫 단단히 하죠. 무분별한 정보를 무분별하게 받아들이는 순간, 혼돈은 몇 배로 가중됩니다.

이러한 현실에서 우리는 자신의 진로와 진학의 방향을 어떻게 준비해야 할까요? 여전히 어려운 숙제이긴 하지만 어렵다고 해서 포기하는 것이 아니라 적절한 방안을 생각해 봐야겠죠.

1. 꿈은 생생하게 꾸어라

저는 어릴 때부터 교사가 되고 싶었습니다.

교사가 되고 싶었던 이유는 초등학교 2학년 때 담임선생님께서 보여주신 교사상이 저에게 무척 인상적이었기 때문입니다. 이 간절한 꿈을 이루기 위해 생생하게 준비해왔습니다. 덕분에 남들보다 늦은 나이이긴 하지만 초등학교와 고등학교에서 전문상담사를 역임했고 현재는 강사로서의 꿈을 이루고 활발하게 강의와 코칭을 진행하고 있습니다.

간절한 꿈을 이루기 위해서는 무엇보다 내가 왜 교사가 되고 싶은지 철저하게 자신을 이해하는 작업이 기반이 되어야 했습니다. 다양한 심리검사와 상담, 체험과 봉사활동 등을 통해 저 자신의 적성과 흥미가 무엇인지 명확히 알 수 있었죠. 덕분에 지금의 제 일을 정말 행복하게 하고 있습니다.

꿈은 '생생하게' 꾸어야 합니다. 생생한 꿈을 꾸고 이루기 위해서는 자신의 꿈을 명확하게 찾는 작업부터 해야 합니다. 그것을 무시하고 생략할 때는 진정으로 원하는 꿈을 찾을 수 없거든요.

2. 머리로 찾는 것이 아니라 몸으로 꿈을 찾으라.

꿈을 찾기 위해 여러분은 어떤 준비와 노력을 해보셨나요?

어쩌면 책상에 앉아서 컴퓨터를 통해 또는 책을 통해 꿈을 찾고 계시지는 않나요? 물론 이런 방법도 틀린 것은 아닙니다. 하지만 꿈을 머리로 찾는 것, 즉 생각으로만 찾는 게 아니라 직접적으로 찾아 나서는 것을 추천합니다. 책과 인터넷을 통한 다양한 지식도 좋은 정보를 제공하지만, 현장에서 직접 체험하고 획득한 정보야 말로 살아있는 정보이기 때문입니다.

결혼 후 제 2의 직업을 찾고자 준비하던 시기에 처음으로 체험한 현장은 노인복지관이었습니다. 그 때는 노인들의 건강과 여가 문화를 위한 노인교육 강의 분야의 강사로서 첫발을 떼고 준비하던 시기였습니다.

서울의 한 노인복지관으로 봉사를 나가고자 프로그램을 준비하고 체험활동 도구도 준비하며 노인분들을 위한 간식도 직접 챙겨 강의를 나갔는데 막상 실전에서는 생각했던 이상으로 다양한 변수들이 있었습니다. 특히 대상자에 대한 고민과 준비 없이 출강했던 저에게는 큰 깨달음을 주었습니다. 이론을 통해 공부하고 알고 있던 것과 현장에서 만난 대상자 분들은 다른 점이 많았거든요.

에피소드 하나를 말씀드리자면, 저는 노인복지관 강의를 봉사로 출강하며 한 노인분으로부터 머리를 얻어맞은 적도 있습니다. 당시 기억을 떠올리면 지금도 오싹합니다. 2000년도에 출강했던 기관에 치매 노인분들이 계셨는데 저는 대상자에 대한 기본정보가 거의 전무한 상태에서 강의를 했기에 이러한 대상자의 돌발적인 행동에 가까스로 수업을 마무리하고 나와서는 울음을 터뜨렸습니다. 당시 마음의 상처를 꽤 받아서 고민하기도 했지만 당시 일로 인해 저는 지금도 강의 의뢰를 받게 되면 기관 담당자와 철저하리만큼 참가자에 대한 기본정보를 미리 파악합니다. 프로그램에 대한 기대효과 및 목표설정에 대해 철저히 사전 협의를 하는 완벽함이 생기게 된 셈이죠.

2017년 'EBS 잡스쿨'에서 강사양성과정을 진행했을 때 진로분야에 제가 책임교수로 발탁이 되었던 이유는 간단합니다. 진로교육 현장에서의 다양한 경험과 강의경력이 높이 평가받아서 적임자로 선택되었던 것입니다. 이론과 경험의 적절한 밸런스가 중요하다는 것을 알 수 있습니다.

조선의 4대 임금이었던 세종대왕도 궁궐 밖으로 행차하여 지나가던 농부에게 직접 현장에서 답을 구하였다는 일화가 있습니다. 여러분도 좋아하는 일이 있다면 고민하지 말고 즉시 현장으로 나가서 직접 체험해 보시길 권해드립니다. 여러분의 꿈에 다가갈 수 있는 방법이 선명하게 보일 겁니다. 그러기 위해서는 부지런해야겠죠. 성공한 사람들의 일면을 보시면 그들이 가지고 있는 여러 가지 습관 중에서 '부지런함'이란 습관은 필수적으로 포함되어 있을 것입니다.

고민보다 중요한 건, 'GO' 입니다!

3. 꿈을 위해 노력할 때 타인과 비교하지 마십시오.

대한민국 사람들이면 거의 다 알고 있는 '토끼와 거북이의 경주 이야기'는 우리들에게 많은 생각을 하게 합니다. 저도 어렸을 적 이 이야기를 듣곤 거북이를 토끼와 비교하며 다 이긴 경주를 낮잠 자는 바람에 놓쳐버린 토끼를 비난하던 기억이 있습니다.

그러나 세월이 흐르며 거북이와 토끼의 경주도 다양하게 해석 되곤 했는데 최근 TV 프로그램에서 방송인 이영자씨의 발언이 화제가 되었습니다.

MBC 〈전지적 참견시점〉이라는 프로그램에서 이영자씨가 군부대에 직접 가서 장병들에게 강연을 하는 모습이 방영됐습니다. 그녀가 토끼와 거북이의 경주에 대한 일화를 자신만의 이야기로 정리하는 모습을 보고 저 또한 감탄을 했습니다. 강연 내용을 정리하면 다음과 같습니다.

누가 봐도 거북이는 토끼랑 상대가 안 되는데
왜 경주를 한다고 했을까요?
거북이는 콤플렉스가 없었구나.
그저 묵묵히 자기의 길을 간 것 뿐이었구나.
승패와 상관없이 경기에 임할 수 있었던 거북이,
거북이는 느리다는 열등감이 없었기 때문에
최선을 다하는 것으로 충분했겠죠.
그냥 승패와 상관없이 자기의 길을 간 것 뿐이었어요.
다시 말해 거북이에게는 열등감이 없었다는 겁니다.

이영자씨의 색다른 해석이 많은 장병들에게 울림을 주었던 일
화입니다.

그렇습니다. 바로 열등감은 자신의 성장을 방해하는 것으로 절
대적으로 불필요한 요소입니다.
자신의 모습이 비록 초라하고 잘 풀리지 않는다고 하여 타인과
비교하거나 자신을 자책하는 행동은 꿈을 준비하고 이루기 위해
서는 버려야 할 습관입니다.

비교하려거든 '어제의 나 자신'과 비교하세요.

광고인 박웅현의 저서 〈여덟 단어〉에는 제가 좋아하는 문장이 등장합니다.

'내 마음속의 점들을 연결하면 별이 된다'

여러분 자신의 꿈을 기억하고 직접 찾아 나서며 경험하는 동안, 행복한 직업을 찾기 위한 여러분의 노력은 여러분도 모르는 사이에 연결되고 또 연결되어 어느샌가 여러분 자신 앞에 당당하게 구체화되어 있을 겁니다. 타인과의 비교에서 벗어나 자기 마음속의 작은 울림의 소리에 반응하시기 바랍니다.

절대로 약해지면 안 된다는 말 대신 뒤쳐지면 안 된다는 말 대신
지금 이 순간 끝이 아니라 나의 길을 가고 있다고 외치면 돼

_ 마야, 〈나를 외치다〉 중에서

'불가능'이라는 뜻의 영어 단어 'Impossible'에 점 하나를 찍으면 I'm possible 이 되죠.

"Dream is nowhere"(꿈은 어디에도 없다)가 띄어쓰기 하나로

"Dream is now here"(꿈은 바로 여기에 있다)로 바뀝니다. 부정적인 것에 긍정의 점 하나를 찍으면 절망이 희망으로 바뀌는 것처럼 불가능한 것도 한순간 마음을 바꾸면 모든 것이 가능해집니다.

한 점, 한 점 그 점들을 따라서 연결해 가다보면 기적이 됩니다. 의미 없어 보이던 그 하나하나의 작은 점들이 어느 순간 연결되어 당신이 찾던 별이 됩니다.

에세이 모음

Essay

변코치의
기막힌 하루

이른 아침 눈이 떠진다.

작년만 해도 알람을 세 번 이상 맞추고도 모자라 남편에게 늘 부탁을 했는데 올해는 알람이 울리기도 전에 일어나는 편이다. 신기한 일이다. 나이가 들어가고 있다는 증거인 듯하다.

늘 그렇듯이 매일 아침 유튜브를 통해 성경 말씀을 묵상한다. 요즘은 김동호 목사님의 '날마다 기막힌 새벽'을 시청하고 있는데 목사님의 말씀을 듣다보면 '감사'가 밀려온다. 얼마 전 폐암 판정을 받으시고 항암치료를 받고 계심에도 불구하고 암환자들을 위해, 또한 나 같은 사람을 위해 매일 아침 말씀을 통해 은혜를 전해 주신다. 매일 어떤 말씀을 주실지 기대하면서 새벽기도를 한다.

말씀으로 아침을 연 후 샤워를 하고 나와 거울을 보며 화장을 한다. 화장을 하고 드라이를 하는 사이 우리 사랑스런 남편이 식탁 위에 선식 한잔을 준비 중이다. 한결같은 남편의 배려다. 그 선식엔 신랑의 사랑이 듬뿍 담겨 있고 매일 아침 나를 위한 마법도 한 스푼 들어가 있다. 그 마법의 한 스푼은 장(腸)을 위한 것.(웃음) 선식 한잔과 훈제 계란을 함께 먹으며 상쾌하게 아침을 연다. 가족들 중 가장 먼저 집에서 출발.

오늘은 지난 주 학부모교육을 진행했던 인천 ○○초등학교에서 2회기 학부모연수를 오전에 진행한다. 오후엔 한 시간 정도 운전을 하고 김포 쪽으로 이동해야 한다. 이동하는 시간이 길어서 중간에 점심 먹기가 여유롭지 않을 것을 대비해 계란 2알을 챙겨 나왔다. 오전 강의장으로 가는 차 안에서 늘 그렇듯이 라디오에서 나오는 음악과 DJ의 멘트를 함께 따라하며 간간히 목을 풀어준다. 오늘 강의에서 진행할 중요한 멘트도 정리해 본다.

오전 강의장에 도착한 후 트렁크에 있는 강의 도구 등을 챙겨서 강의실로 이동한다. 강의장으로 이동 중 학교 본관 1층에 도착하여 엘리베이터 앞에서 기다리는 순간 사진을 찍는다. 이건 나의 의례적인 행동이다.(웃음) 미리 안내해주신 강의장에 도착하니 깔끔한 자리배치와 시원한 강의장 컨디션이 나의 기분을 한층 업그레이드 시켜준다. 기분 좋게 강의 준비를 한다. 강의시간이 다가옴에 따라 학부모님들이 오시기 전 음악을 선곡하고 적절한 음량으로 맞추어 강의장 분위기를 만든다. 때마침 좋은 음악이 선곡되면 강의장은 더욱 훈훈해지곤 한다.

강의가 시작되고, 약 두 시간 동안 여느 때와 다름없이 열강을 하고 강의를 마친다. 모든 분들이 강의장을 빠져나갔을 즈음 나도 이동할 준비를 한다. 정오 12시가 지났기에 배가 고픈데, 오후 강의를 위해 강의장으로 이동을 한다. 오후 강의장에 도착을 하고 식사를 해야 마음이 편하니 어쩔 수 없다. 적절한 교통 흐름 덕분에 무난히 강의장에 도착. 주차를 하고 매의 눈으로 식당을 찾아본다. 눈에 잘 띄지 않을 때는 핸드폰으로 근처 맛집을 선택한 후 식사를 한다. 혼밥, 혼술, 혼영 등이 요즘은 일반화되었지만 몇 년 전만 하더라도 나는 혼자 식사하는 것이 너무 힘들었다. 간단히 점심식사를 하는 동안 간간히 SNS 확인도 하고 부재중 전화도 확인하고, 이런, 꽤나 바쁘다. 이래서 연예인들에게 매니저가 있는 것 같다.

오후 강의는 일반계 고등학교 1학년 학생들과의 특강이다. 자기이해를 기반으로 하는 진로코칭이다. 고등학생 대상의 진로코칭 강의는 꽤 요청이 많은 분야인데 그만큼 준비에 기울여야 하는 시간이 많다. 학생들의 눈높이에 맞추어 다양한 관심 분야의 인물이나 동영상, 최근의 이슈 등등 핫한 내용들을 강의에 자연스럽게 녹여서 진행한다.

2시간 가까운 강의를 마치고 나면 다리가 퉁퉁 붓는 느낌이 온다.

강의 중 쉬는 시간은 학습자를 위한 시간이기도 하지만 내 다리를 위해 쉬어가는 시간이기에 철저하게 관리한다. 쉬는 시간에도 가까이 다가와서 이런저런 질문을 하는 학생들이 있어 쉬는 시간도 금세 지나간다.

오후 강의를 잘 마치고 나니 벌써 오후 4시가 넘어간다.

잠시 충전을 가져야 다음 저녁 강의를 진행할 수 있다. 일단은 저녁 강의장을 향해 시동을 켜고 운전을 한다. 운전을 하는 동안 즐겨듣는 라디오 방송과 함께 가니 어느새 저녁 강의장에 '일찍' 도착했다. 일단은 주차를 안전하게 하고 저녁식사를 근사하게 할 수 있는 곳을 찾아본다. 주변에 맛집이 하나 있는데 꽤 괜찮은 곳을 발견했다. 비록 혼자하는 저녁식사지만 나름 폼나게 주문을 하고 식사를 한다. 주문한 음식이 맛도 좋고, 게다가 직원이 친절해서 편안하게 식사를 할 수 있었다. 식사 후 원두커피와 함께 근처를 산책한다. 올해 초 〈걷는 사람, 하정우〉라는 책을 읽고 짜투리 시간이 생길 때마다 걷고 있는데 오늘 저녁도 강의장 근처에서 걸을 수 있어 참 좋다. 하늘을 바라보며 분주했던 하루를 차분히 정리해 본다.

저녁 7시!

고등학교 학부모 대상의 진로진학아카데미에서 나는 '부모와 자녀간의 소통' 부분의 강의를 맡아 진행을 하게 되는데 작년에 이어 올해도 초청되었다. 담당 부장님께서 강사섭외 1순위로 나를 정했다고 소개해주신다. 학부모들 앞에서 어깨가 으쓱해진다. 덕분에 기분 좋은 컨디션으로 강의를 진행한다.

저녁강의로 2시간, 120분 동안 쉬는 시간 없이 열강을 한다. 여름이라 에어컨이 가동되지만 내 몸 등골에서는 땀이 줄줄 흐른다. 더운 한여름에도 정장을 고수하기 때문에 두 배로 덥지만 강의를 업(業)으로 삼는 나는 몸가짐 하나부터 세심하게 챙긴다. 그 습관은 예전이나 지금이나 변함없다. 옷이나 언어, 태도 등등 이 모든 것이 강사의 품격을 만든다고 보기 때문이다.

그렇다고 해서 명품 옷을 입거나 사치를 하지는 않고 검소하면서도 깔끔하게 강단에 선다. 강사의 외모도 중요하고 강의내용도 좋아야 하고 강의가 재미도 있어야 한다. 점점 요구 조건이 강화되고 경쟁도 치열해 가는 상황에서도 나는 '변향미답게' 나만이 연출할 수 있는 강의로 다양한 분들과 함께 한다.

강의를 마치고 질의응답을 하니 저녁 9시 반이 되었다. 아침 9시에 나와 저녁 9시가 넘도록 바깥에서 활동을 하면 지칠 법도 한데, 놀랍게도 좋아하는 일을 하고 다양한 대상을 만나 잘 할 수 있는 일을 하니 피곤대신 행복이 밀려온다. 물론, 좀 피곤하긴 하다.

게다가 내 강의를 좋아하시는 분들이 계속 많아지니 이 또한 감사하지 않은가!

오늘 하루도 변코치의 기막힌 하루를 무난하게 소화해냈다. 가족 단톡방에 "이제 집으로 간다"는 글을 남기고 집으로 향해 간다. 오늘따라 저녁달이 유난히 밝게 빛난다.

저녁을 일찍 먹은 터라 배가 또 고프다.
오늘도 고민이 된다.

야식을 먹을 것인가, 말 것인가!

"별은 바라보는 자에게 빛을 준다."

_ 이영도, 〈드래곤라자〉 중에서

지금,
손잡아 볼까요?

2018년 출강하던 모 단체에서 '우수멘토'로 선정되어 2018년 12월과 2019년 1월에 충청도에 위치 한 공군부대 2곳에 출강하게 되는 기쁨을 누리게 되었다. 늘 그렇듯이 강의를 의뢰 받으면 최선을 다해 준비하는데 이번처럼 우수 멘토로 위촉되어 출강을 하게 될 때, 강사 마음에는 벅찬 자부심이 밀려온다. 그래서 더더욱, 짧은 2번의 출강이긴 하지만 좋은 내용을 준비하려고 노력을 기울이고 또 기울였다.

공군부대는 첫 방문이라 신기하기도 했고 비행기가 오가는 곳이다 보니 엄청난 부대 규모에 깜짝 놀랄 수밖에 없었다. 담당관님과 미팅을 마치고 장병들과 함께 강의를 진행하였다, 따뜻하게 준비된 차와 함께⋯ 참석한 인원은 20명 남짓이었지만 일과 후 저녁시간에 진행되는 병영코칭이기도 했고, 자발적으로 참여를 원하는 장병들이 모이다보니 강의 분위기는 그 어떤 강의장보다 후끈후끈했다.

두 시간의 병영코칭을 마치고 강의장을 떠나려는데 장병 한분이 내게 다가오셔서 하시는 말씀, "교수님, 이번이 마지막 코칭이네요? 교수님 뵈려면 어떻게 하면 되나요?" "아, 제가 페이스북을 하는데." 하지만 페이스북은 안 하신다고 하셔서 내 연락처가 담긴 명함을 한 장 드렸다. 알고 보니 공군부대에 종사하시는 하사님이셨다. 운전하고 올라가는 길에 "띠링" 하고 문자 알림소리가 울리는데 낯선 번호였다. 바로 방금 전 명함을 드린 하사님이었다. 하사님이 보내주신 문자와 답신은 이렇다.

오늘 독서코칭 받은 정○○ 하사입니다.
모레 토익시험이 있는데 시간 내서 온 게 후회되지
않을정도로 즐겁고 유익한 시간이었습니다.
도로가 얼어서 블랙아이스가 있던데
조심히 귀가하시기 바랍니다!

감사합니다. 정하사님. 귀한 시간 내서 오셨군요.
새해 첫 목표달성 이루어지길 기원드리며, 하사님
전화번호 저장하겠습니다.
굿라이프 변향미 교수 Dream

그분의 마음이 전해졌다. 그건, 바로 진심이었다.

만남엔 여러 다양한 만남이 있고 그 만남이 어디서 어떻게 연결되어질지 아무도 모른다. 찰나의 만남을 통해 어떤 이들은 소중한 인연을 만들어내곤 한다. 만남은 또 다른 만남으로 이어지기 때문이다. 나도 이처럼 만남을 소중히 생각해왔고, 그 생각엔 변함이 없다.

이후는 별다른 연락이 없었는데, 얼마 전 하사님으로부터 카톡이 왔다. "교수님, 잘 지내시죠"라는 안부문자였다. 깜짝 놀라기도 했고 감사하기도 했고… 서로의 안부를 묻는 내용의 카톡을 주거니 받거니 하다가 오랜만에 만남을 갖기로 하였다. 그렇게 오랜만에 하사님을 만나 서로의 안부를 나누고 꿈을 나누었다.

신기한 일이다.

난 강의를 했을 뿐인데 일 외에도 다양한 일들이 만들어진다. 방금 말한 만남은 그 중 아주 일부분에 불과하다. 강의장에서 만나는 분들과 일 외적으로 인연이 되어 인생을 말하고 진로를 말하고 인생을 코칭하기도 한다. 자신있게 말할 수 있는 건, 단 한 번도 억지로 만난 적이 없다는 것이다. 따뜻함과 존중의 마음으로 그들을 만난다. 게다가 밥도 대접하고 코칭도 해준다.

그 이유는 단 하나다.
그들이 필요로 할 때 아무 조건 없이 손을 잡아주고 싶기 때문이다.

내가 힘들고 새로운 진로를 찾고자 끊임없이 몸부림치고 노력할 때, 주변에 도움을 받을 상대가 없는 것은 물론 상황이나 여건도 넉넉하지 않았다. 오직 가족의 한결같은 응원으로 느린 거북이처럼 천천히 내 길을 차근차근 준비할 수 있었기에 누군가 내게 도움을 요청해오면 난 그들에게 손을 내밀어 잡아준다. 〈알라딘〉의 '지니'처럼 소원을 척척 들어주는 마법의 능력까진 없으나 나름대로 올바르게 삶을 준비하고 목표를 성취해 나가는 데 있어서 기적을 만들어내는 디딤돌 역할 정도는 할 수 있으리라 믿고 있다.

'기적'은 멀리 있는 것이 아니다. 평범해 보이는 삶을 성실하고 열심히 살아가는 나에게도 여러분에게도 생길 수 있다. 저 멀리 기적이 있다고 생각 말고 여러분의 삶 속에 기적이 펼쳐지게 될 것을 믿고 기적처럼 삶을 살아가시길 바란다. 작은 일에도 최선을 다하는 마음으로 준비할 때 '정성'이 흘러나오고, 정성은 곧 타인을 감동시키게 되는 힘을 발휘하게 되는데 그 힘이 바로 기적을 불러온다.

여러분의 삶에 다가올 기적을 응원하며…

나에게 영웅은

나에게 영웅은
자기만의 길을 걷는 사람

흐름을 따라가지 않고
흐름이 되어가는 사람

하루하루 남김없이 피고 지고
자신을 다 불사르고 가는 사람
진정한 자기를 찾아낸 사람만이
자신의 모든 것을 바칠 수 있으니

세상의 흐름을 따라
자신을 버리고 흘러가는 자여

그 탐욕의 열정과 경쟁의 승리는
스스로 선택한 몰락의 영웅이니

_ 〈**박노해의 걷는 독서**〉 중에서

"엄마, 엄마는
내가 중요해,
아님 버스 환승이
중요해?"

아이들이 어렸을 적 기억나는 일화가 있습니다.

때는 연년생인 우리 아이들이 초등학교 3,4학년이었던 어느 봄날. 당시 저희 집 두 아이는 동인천에 위치 한 학생문화회관에서 진행하는 토요문화교실에서 음악활동을 하고 있었습니다.

당시 처음 다니기 시작했을 때는 제가 함께 학생문화회관까지 동행했으나 어느 정도 적응 기간을 가진 후에는 두 아이가 함께 다니도록 했습니다. 우리 집에서 그곳까지 가려면 버스를 타고 이동해야 했고 환승까지 해야 했기에 어린 아이들한텐 만만치 않은 길이었겠죠.

두 아이가 함께 잘 다니고 있다고 생각했던 어느 봄날의 토요일, 예상치 못한 작은 사건이 발생했습니다. 우리 아이들이 토요문화교실에 결석을 하게 된 것이었죠. 두 아이에게 자초지종을 물어보니 버스를 한번 타고 중간지점에 내려서 환승을 해야 하는데 환승하는 장소 버스정거장에서 병아리를 파는 할아버지가 계셨던 겁니다. 아이들은 버스를 기다리는 동안 할아버지가 팔고 계시는 병아리에 정신을 빼앗겨서 시간이 얼마나 지났는지, 몇 대의 버스가 지나가는지도 모른 채 그 순간에 푹 빠져버린 것이죠.

다행히 큰 아이가 정신을 차리고 시간을 보니 문화교실시간이 이미 끝난 뒤였습니다. 두 아이들은 당황했고 엄마인 저에게 어떻게 말해야 할지 걱정이 밀려왔겠죠. 아마도 두 아이는 집으로 돌아오는 동안 어떻게 이 사건을 엄마인 저에게 말해야 할지 고민에 빠졌을 겁니다.

작은아이가 집에 도착하자마자 저에게 풀이 죽은 표정으로 말하는 겁니다. "엄마, 오늘 토요문화교실 못 갔어요." 제가 "왜?"라고 물었더니 "병아리에 정신이 팔려 버스를 놓치게 되어 가지 못하게 되었어요"라며, 나름대로 상황을 자세히 설명해 주었습니다. 그 말을 들은 저는 엄마로서 아이들이 한 행동에 대해 훈계가 아닌 교정을 해주고 싶은 상황이라 차분하게 아이들을 불러 이야기를 했습니다. 작은 실수가 습관이 되진 않을까 싶어 노파심에 이렇게 말했습니다.

"그럼, 그럴 수도 있겠지. 하지만 이런 일이 계속 생긴다면 그럴 때마다 토요교실을 빠질 수도 있겠네?"

제 말을 들은 작은아이가 버럭 화를 내며 저에게 이렇게 질문하더군요.

"엄마, 엄마는 내가 중요해, 아님 버스 환승이 중요해?"

사실 제가 대화 중, "버스를 타고 환승을 빠르게 했으면 실수하지 않았겠지"라며 아이들에게 설득하며 말을 했거든요. 좋은 말로 설득이지 아마도 훈계였을 겁니다.(웃음) 이 말에 화가 났던 작은아이가 저에게 이런 질문을 하게 된 것이죠. 저는 당황스러웠으나 작은아이의 질문에 답변을 해야겠기에 대화를 이어갔습니다.

솔직히 내 아이가 더 소중하겠지요. 하지만 겉으로 표현한 제 답변은 "환승이 더 중요해"였습니다. 당연히 마음에도 없던 소리였죠. 그랬더니 우리 작은 아이는 "엄마 미워!!"라며 큰소리로 울음을 터뜨렸습니다.

이 사건이 오래도록 우리 아이들의 마음에 상처가 되었다는 사실을 저는 나중에야 알았습니다. 그 당시 저는 작은아이가 우는 바람에 엄마로서 사과를 했습니다. 하지만 당시 작은아이에게는 엄청난 충격이었던 겁니다. 한창 사춘기가 진행 중이던 중학교 3학년 시절에 작은 아이의 진로와 진학 문제로 고민하던 시기에 우연히 이 초등학교 시절의 기억을 떠올리며 담담하게 이야기하는 작은 아이의 속마음을 듣게 됐거든요. 진심을 담아 아이에게 미안함을 표현하며 사과했습니다. "그 당시 엄마는 너의 작은 실수가 계속 반복될까봐 걱정돼서 일부러 그렇게 말을 한 것인데… 우리 아들이 엄마의 말로 상처를 받았다면 정말 미안해."라고 이야기했습니다.

아이들은 사회적인 맥락과 관계의 연결 속에서 건강하게 자란다는 것을 잘 알고 있던 부모교육전문가인 저도 이런 실수를 저질렀던 거죠. 저는 작은 아이의 마음의 소리를 들으며 반성했습니다. 그 즉시 내 아이의 감정을 그대로 받아주었고요.

지금도 가끔은 그 당시 기억을 떠올리며 웃음을 짓곤 합니다.
이 일을 계기로 작은아이와 정서적으로도 더욱 친밀한 관계가 된 건 물론이고요.

변코치가
가장 희열을
느끼는 순간

글쎄… 가장 희열을 느끼는 순간은 나를 닮고 싶다는 동료나 후배들을 만날 때 아닐까. 주변 동료나 지인들, 후배들이 상당히 많은 편인데, "선배님처럼, 대표님처럼 살려면 어떻게 하면 되나요?"라고 질문하거나 상담을 요청할 때 난 언제든 콜하며 달려가서 시간을 함께한다.

내가 걸어 온 길이 그들에게 정답은 아닐 수도 있지만 내가 걸어 온 길을 통해 각자의 처지에 맞게 잘 준비해서 하나 둘 성장해 가는 모습을 볼 때 기쁨과 보람이 밀려온다. 나 자신이 살아 있는 것 같은 느낌을 받는다고나 할까.

고등학교에서 상담사로 근무했을 때도 그러했다. 상담실을 거쳐 갔던 수많은 학생들이 자기 자신의 숨겨진 동력을 발견하고 삶에 대한 희망을 품게 되어 학업을 중단하지 않고 꾸준히 이어가는 모습을 볼 때, 부모님과의 갈등과 마찰로 인해 힘들어 하던 학생들이 갈등의 고리를 풀고 대학생으로 그리고 사회인으로 정말 나다운 사람으로 자립한 모습을 보았을 때 희열을 느꼈다. 때때로 스승의 날 등을 잊지 않고 연락을 줄 때 느끼는 희열은 보너스다.

내가 만난 학생들의 부모, 특히 어머님들이 나와 나눈 상담을 통해 자신의 진로와 삶에 대해 깊이 고민하며 새롭게 공부를 시작하거나 하고 싶은 것을 찾으려고 노력하는 모습을 발견할 때 대단한 자부심과 희열을 느낀다. 그 당시에는 상담교사와 학부모의 관계로 만났으나 세월이 지난 지금은 같은 길을 걷는 동반자가 되는 케이스가 많이 있기 때문이다. 그래서 내가 좋아하는 말 중 하나가 "만남은 인연이요 관계는 노력이다" "스치면 인연, 스며들면 사랑"이다.

내가 희열을 느끼는 또 하나의 순간이 있다. 배움의 필요를 인식하고 배움의 시간을 가지며 충만한 지적 자극을 느낄 때 밀려오는 희열도 어마어마하다. 그래서 지금도 배움에 대한 열정이 강하고 시간이 주어지면 늘 배우는 현장에 가 있지 않을까. 즉 배우는 전문가로 살아가고 있다. 배움이 내 삶에 적용되고 참 자아를 만났을 때, 비로소 내가 겸손해짐을 느낀다. 배움의 순간을 인식할 때 희열을 느낀다.

가만 보면 내가 희열을 느끼는 순간들에는 내가 소중히 여기는 코칭 철학이 그대로 담겨 있다. 누군가의 행복한 성장을 돕는 코치, 그리고 나 스스로가 배우는 전문가로 살아가는 것.

이런 희열, 평생 느끼며 살고 싶다.

잘하고 있어요, 자라고 있으니까요.

에필로그

Epilogue

虎死留皮 人死留名(호사유피 인사유명)
"호랑이는 죽어서 가죽을 남기고 사람은 죽어서 이름을 남긴다"는 고사성어이죠.

언젠가부터 '나는 후대에 무엇을 남길 수 있을 것인가?'에 대해 고민하기 시작했고, 그런 생각이 깊어질 즈음 나의 성장을 돌아보니 '책을 통한 글의 힘과 배움을 통한 앎의 힘을 교육현장에서 실천하면서 영향력을 키워왔구나!'라는 생각을 하게 되었습니다. 그 생각이 바로 출판을 향한 꿈으로 이어지게 되었죠. 무엇보다도, 자신의 길을 찾고 자신의 사명이 무엇인지에 대해 고민하고 있을 여러분의 삶을, 이미 잘하고 있고 이미 자라고 있는 여러분의 삶을 응원하고 싶었습니다.

그러나 바쁜 일정 중에서 시간을 따로 내어 집중하면서 글을 쓴다는 것은 매우 힘든 일이라는 걸 잘 알고 있었습니다. 여러 해를 흘려보내며 바쁘다는 핑계로 스스로를 합리화했습니다. 그런데 '꿈은 바라는 자의 것'이란 말처럼, 구체적인 그림들이 하나 둘씩 그려지기 시작했습니다. 훈훈출판사와의 기적 같은 만남을 통해 제 인생에 '출판'이란 또 하나의 획이 그어지게 됐거든요.

별 거 없을지도 모르지만 별 거 없는 인생을 별일 있는 인생으로 변화시킨 흥미진진한 이야기, 무척 소박하지만 변향미 나름의 행복한 이야기를 맛나게 세상 밖으로 끌어내고자 했습니다. 저의 성장을 이끌어온 '변향미 특유의 안내서'를 통해 독자분들의 행복한 성장을 돕고 싶었습니다.

이 책이 세상에 나오기까지 저의 성장을 위해 아낌없는 외조로 언제나 내 편이 되어준 남편과 두 아들에게 감사의 마음을 전하고 싶습니다. 또한 사랑하는 딸을 위해 미생의 시간부터 묵묵히 기도로 성원해 주시고 큰 영향력을 보여주신 부모님이 계시기에 오늘의 제가 있습니다. 더불어 남동생 가족과 저의 가까운 동료, 후배, 친구, 많은 지인들께 다시 한 번 감사의 인사를 드립니다.

바쁘신 일정에도 저의 첫 번째 책에 따뜻한 추천사를 보내주신 조진표 대표님, 이광재 박사님, 최종미 센터장님, 최인철 교수님께도 마음 다해 감사를 드립니다. 그리고 늘 기대 이상의 축복으로 저의 삶을 인도해주신 하나님께 깊은 감사를 드리고 싶습니다. 또한 이 책이 나오기까지 심혈을 기울여주신 훈훈출판사 소재웅 대표님께 감사드립니다. 책의 내용이 예쁜 옷을 입고 탄생할 수 있도록 애써주신 디클레이 이정민 디자이너님, 일러스트 강한 작가님, 윤지훈 사진작가님께도 감사드립니다.

마지막으로, 이 책을 펼치고 여러분만의 삶의 여정을 걸어가실 독자분들께 응원의 메시지를 드리고 싶습니다.

"잘하고 있어요, 자라고 있으니까요!"

2019년 9월

변향미

인터뷰어 후기
'진짜 프로' 변향미 코치

인터뷰어로서 수많은 사람들을 만나며 '괜찮은 사람인줄 알았는데 막상 인터뷰를 진행해보니 형편없는 인간이면 어떻게 하지?'라는 두려움을 종종 느낀다. 결론부터 말하자면, 변향미 코치님은 완전히 반대였다. 내가 예상했던 것보다 훨씬 더 훌륭한 삶의 태도와 철학으로 코치로서의 삶을 감당하고 있는 모습에 마음 속 두려움은 저 멀리 날아가버렸다.

매일 평균 세 번 정도의 강의(1주일에 세 번이 아니라 매일 서로 다른 장소에서 세 번의 강의를 한다는 것)를 감당하는 그녀는 출판을 위해 인터뷰를 할 때면 나보다도 먼저 인터뷰 장소에 가서 나를 기다리고 있는 경우가 많았다. 바쁜 상황에서도 출판 관련 연락을 주고받을 때면 언제나 넉넉한 웃음을 지으며 나와 소통해 주었다. 하루 종일 강의에 혼신의 노력을 기울인 뒤 자고 싶은 시간에 기어코 책상에 앉아 책에 들어갈 원고를 차곡차곡 쌓아 나가는 모습을 보며 '아, 프로페셔널리즘이라는 건 저런 태도를 두고 하는 말이구나!'라며 속으로 여러 번 감탄을 했다.

사람들은 보통 스스로를 '이성적인 사람' 혹은 '감성적인 사람'으로 분류한다. 변향미 코치님은 '이성과 감성'을 두루 갖춘 사람이다. 20여 차례 만나 인터뷰하고 깊은 이야기를 나눌 때면 늘 '따뜻한 감성'으로 나를 대했다. 그러나, 매일 타이트한 스케줄 속에 이어지는 자신의 업(業)을 감당하는 모습을 보면 '냉철한 이성'이 동시에 작동하고 있음을 느낄 수 있었다. 변향미 코치님의 삶 기저에는 늘 '따뜻한 감성'이 흐른다. 그 흐름 위에서 냉철한 이성이 작동한다. 그래서 그녀의 강의에는 늘 촉촉한 감동과 감탄 같은 것이 살아 있다.

변향미 코치님과 이야기를 주고받는 시간을 통해 '한 사람을 바라보는 건강한 시각' 혹은 '한 사람을 바라보는 따뜻한 시각'을 온전히 느끼고 배울 수 있었다. 무조건적인 성장에 염증을 느끼는 요즘, 변향미 코치님이 던지는 '행복한 성장'에 관한 이야기들은, 많은 사람들에게 의미 있는 지점을 제공할 수 있을 거라 믿는다.

변향미 코치님의 꿈은 '좋은 어른'이 되는 거다. '코치'라는 타이틀을 뛰어넘어 누구나 편하게 다가갈 수 있는 좋은 어른이 되고 싶다는 그녀의 소망은, 이미 실현 중 아닐까. 그녀를 만나며 나 역시 매번 '아, 참 좋은 어른이다'라는 생각을 했으니 말이다.

인터뷰어로서, 변향미 코치님의 인생을 마음 다해 응원한다.

훈훈

도서출판 훈훈

책을 통해 세상이 좀 더
훈훈해질 수 있으면 좋겠습니다.
'훈훈하다'라는 단어의
영어 표현인 'heartwarming'처럼,
독자들의 심장을 따뜻하게 만들고 싶습니다.
훈훈이 가슴 속에
품고 있는 굵직한 테마는
"출판으로 존재와 존재를 연결하다"입니다.

toolor@hanmail.net